**NUNCA MAIS
FIQUE SEM
DINHEIRO**

NUNCA MAIS FIQUE SEM DINHEIRO

O plano infalível para sair do vermelho
e levar a vida que você merece

JESSE MECHAM

Tradução
Ulisses Teixeira

Rio de Janeiro, 2019

Título original: You Need a Budget
Copyright © 2017 by YNAB Licensing LLC. All rights reserved.
Copyright da tradução © Casa dos Livros, 2018

Direitos de edição da obra em língua portuguesa no Brasil adquiridos pela Casa dos Livros Editora LTDA. Todos os direitos reservados.
Nenhuma parte desta obra pode ser propriada e estocada em sistema de banco de dados ou processo similar, em qualquer forma ou meio, seja eletrônico, de fotocópia, gravação etc., sem a permissão do detentor do copyright.

Contatos:
Rua da Quitanda, 86, sala 218 — Centro — 20091-005
Rio de Janeiro — RJ
Tel.: (21) 3175-1030

Diretora editorial
Raquel Cozer

Gerente editorial
Alice Mello

Copidesque
Anna Beatriz Seilhe

Revisão
André Sequeira
Thaís Carvas

Diagramação
Ilustrarte Design e Produção Editorial

Design de Capa
Adalis Martinez

Adaptação de Capa
Osmane Garcia Filho

Foto do autor
Kate Benson

Logo de capa
Cortesia do autor

CIP-BRASIL. CATALOGAÇÃO NA PUBLICAÇÃO
SINDICATO NACIONAL DOS EDITORES DE LIVROS, RJ

M434n

    Mecham, Jesse
        Nunca mais fique sem dinheiro : o plano infalível para juntar grana e levar a vida que você merece / Jesse Mecham ; tradução Ulisses Teixeira. - 1. ed. - Rio de Janeiro : Harper Collins Brasil, 2018.
        240 p. ; 21 cm.

    Tradução de: You need a budget
    ISBN 9788595083844

    1. Finanças pessoais. 2. Orçamento financeiro. I. Teixeira, Ulisses. II. Título.

18-53353

CDD: 332.024
CDU: 64.03

Para Julie… e para as outras seis pessoinhas
que vivem na nossa casa.

Sumário

Introdução 9

CAPÍTULO 1: **Uma nova maneira de olhar para o seu dinheiro** 25

CAPÍTULO 2: **Regra Um — Dê uma função ao seu dinheiro** ... 45

CAPÍTULO 3: **Regra Dois — Aceite as suas despesas reais** 73

CAPÍTULO 4: **Regra Três — Aprenda a levar porrada** 95

CAPÍTULO 5: **Regra Quatro — Amadureça o seu dinheiro** ... 113

CAPÍTULO 6: **Orçando como um casal** 135

CAPÍTULO 7: **Acabe com as dívidas em qualquer situação** 161

CAPÍTULO 8: **Ensinando os seus filhos a fazer orçamentos** 181

CAPÍTULO 9: **Quando estiver com vontade de desistir** 209

ÚLTIMAS PALAVRAS: **Você consegue** 231

Agradecimentos..233

Apêndice: onde ler, ver e ouvir todas as
coisas YNAB..235

Introdução

Se você está lendo este livro é porque o dinheiro o estressa de alguma maneira. Para alguns, pode ser o tipo de estresse de arrancar os cabelos. Outros podem apenas achar que não tem uma situação financeira tão boa quanto poderiam ter. Quer estejamos em pânico ou apenas nos sentindo apreensivos, pensar sobre dinheiro perturba a nossa paz o tempo todo e de diferentes maneiras. Em geral, nem notamos quando isso acontece.

Você gasta 6 dólares em um sanduíche de peito de peru no trabalho e, enquanto está na fila do caixa, lembra-se da quantidade de frios fatiados na sua geladeira em casa. "Devia ter levantado mais cedo para preparar o almoço", pensa. Lê um artigo sobre como a sua geração não está economizando o suficiente para a aposentadoria e imagina se deve aumentar a contribuição da previdência privada. Você poupou uma grana para fazer uma reforma no banheiro, mas ainda está preocupado porque o seu laptop parece estar prestes a morrer, o cachorro está mancando de um jeito estranho e as mensalidades das universidades aumentando faz com que todo mundo pense que deveria viver à base de feijões em lata daqui até o dia em que os nossos bebês se matricularem na faculdade. Aquele sentimento de aperto atinge o coração, a respiração fica um pouco acelerada e você culpa o seu dia a dia corrido pelo estresse.

Essas pequenas facadas de preocupação são, na verdade, a mesma questão se repetindo: *Será que eu posso pagar por isso?* E *isso* pode ser algo pequeno, como um almoço com amigos, ou uma coisa tão grande quanto a aposentadoria. Essa pergunta assombra a todos nós, o tempo todo — não importa se estamos bem de vida ou sem um tostão, estamos sempre nos perguntando se podemos pagar por algo.

A única pergunta que envolve dinheiro e rivaliza com a *Será que eu posso?* é a prima malvada dela: *Será que eu deveria?* Esta é, em parte, respondida pela nossa natureza competitiva, só que ainda mais por não sabermos o que queremos de verdade. Um colega diz que separa um dinheirinho todo mês para a faculdade dos filhos, e você se pergunta se deveria fazer o mesmo. Sua prima enche o Instagram de fotos da família dela na Disney (só os melhores momentos, claro), e você pensa: "Será que eu deveria viajar nas férias?"

Será que eu deveria sempre acaba se transformando em *Será que eu posso?*, e fazendo com que a ansiedade continue borbulhando. Então, sabemos que algo precisa ser feito — só não sabemos o quê, quando ou do que somos capazes. A maioria de nós congela nesse ponto e acaba não fazendo nada, em geral por uma das três razões a seguir:

Não temos confiança de que sabemos o que é melhor. Somos esmagados por opiniões e não fazemos ideia se devemos confiar no nosso instinto, no cara gritando na TV ou em outra coisa completamente diferente.

Não temos um sistema para tomar decisões. Vou falar muito sobre isso durante o livro, mas a questão principal é que precisamos de um sistema que guie as nossas decisões. Sem ele, estamos gastando e poupando por impulso.

Temos medo de encarar a verdade. Nossas finanças são um mistério. O dinheiro voa para dentro e para fora da nossa conta bancária, e a gente imagina que esteja tudo certo, porque o valor nunca bate no zero, mas não temos ideia do que está acontecendo de verdade. E temos medo de descobrir.

O que fazer? Como quebrar essa paralisia com tantos fatores que o mantém em ponto morto? É isso que este livro vai ajudá-lo a descobrir. E o meu primeiro e melhor conselho pode fazer com que você deixe de lado qualquer impasse financeiro:

Esqueça o dinheiro.

Sério. Porque não é sobre o dinheiro. Tá bom, é um pouco sobre o dinheiro. Mas dinheiro não é a questão, não é o objetivo final. Na verdade, quando estamos estressados com as nossas finanças, é porque não sabemos se as decisões que tomamos estão alinhadas com a vida que queremos.

A pergunta que você deveria fazer a si mesmo não é *Será que eu posso?* ou *Será que eu deveria?* É *O que eu quero que o dinheiro faça por mim?* Responder essa indagação vai nos ajudar a lidar com opções infinitas, com a pressão para nos manter no mesmo padrão que os vizinhos e com o medo paralisante de não estarmos sendo muito espertos com a nossa grana.

O que eu quero que o dinheiro faça por mim? funciona como uma análise de instinto que nos ajuda a ver se as nossas prioridades estão guiando as nossas decisões financeiras. Quando sabemos o que queremos que o dinheiro faça, as opções se tornam bem menos assustadoras e a confiança logo substitui o estresse.

Análise de instinto: Vai nessa

O que eu quero que o dinheiro faça por mim?

Durante todo o tempo que você passou trabalhando, gastando, economizando e se estressando, já fez essa pergunta a si mesmo?

Não se preocupe se a resposta for não. A maioria de nós não pensa no dinheiro dessa maneira e, para falar a verdade, é uma pergunta difícil de responder. Além disso, é normal que a resposta mude com o tempo. É por isso que você precisa fazer uma análise de instinto a cada decisão financeira que tomar. Ela vai confirmar as suas prioridades ou abrir os seus olhos para as mudanças necessárias.

Deixe-me ser claro: *O que eu quero?* e *O que eu quero que o dinheiro faça por mim?* são coisas diferentes. Não estou encorajando você a escrever a sua lista de presentes de Natal. *O que eu quero que o dinheiro faça por mim?* é sobre decidir que tipo de vida você quer ter e, então, criar um plano para que a grana o ajude a chegar lá.

Se não está levando a vida que quer, como gostaria de viver? Não se preocupe se a resposta for algo radicalmente diferente da sua vida atual. Pense apenas no que é relevante para você. Talvez a sua vida dos sonhos envolva ficar em casa com os filhos, viajar para a Europa todo ano, voltar a estudar ou se estressar menos com as contas. Pode ser tudo isso. Não interessa — o importante é ver quais são as suas prioridades e traçar um plano para alcançá-las.

Sem um plano, você está à mercê das intempéries, esperando que a vida um dia entre nos eixos. É como ir para a faculdade e nunca se formar (talvez isso tenha acontecido com você) ou ir ao mercado e pegar coisas aleatórias das prateleiras, esperando que juntas elas se transformem no jantar (talvez você faça isso). De fato, muita gente lida assim com o dinheiro. É um vai e vem que acontece sem muita re-

O antídoto para o seu estresse financeiro

Esse pequeno plano de vida? Ele é, na verdade, um orçamento. Você precisa de um. Eu preciso de um. Todos nós precisamos de um — não importa quanto dinheiro tivermos (ou não tivermos). Você está lendo este livro, então provavelmente já sabe disso, mas a ideia de criar um orçamento ainda pode parecer assustadora. Se estiver com medo de que ele seja muito rígido, rigoroso e implacável, é hora de olhá-lo de outra forma. Esqueça as coisas que você *não pode* fazer com o dinheiro (*Eu não posso pagar por aquela viagem*) ou as coisas que você *tem que* fazer com o dinheiro (*Eu tenho que pagar pelos meus empréstimos estudantis*). Em vez disso, pense no que você *quer* e comece daí. *Quero viajar com a minha família para a Itália. Quero viver uma vida sem dívidas. Quero contratar um professor particular de italiano.* Um orçamento vai permitir que você planeje todas essas coisas.

Mencionei antes que muitos de nós temos dificuldades em fazer escolhas com o nosso dinheiro porque não temos um sistema para tomar decisões. O orçamento é esse sistema. Ele é uma ferramenta para criar a vida a partir do que *você quer*. Sem um orçamento, é impossível priorizar gastos. Diversas vezes, você nem sabe para onde o seu dinheiro está indo de verdade. Você pode ficar estressado por não conseguir bancar coisas importantes, enquanto, ao mesmo tempo, gasta em coisas que abandonaria sem problema se pudesse ver o quanto elas valem a pena de verdade. Essa é a beleza de um (bom) orçamento: ele permite que você enxergue *exatamente* como os seus gastos afetam a sua vida.

Talvez aquela viagem à Itália esteja além da sua realidade. Enquanto isso, o hábito de pedir delivery de comidas que você nem gosta tanto assim leva embora uma boa grana todo mês. Você pode encher o armário com as compras feitas por impulso na internet enquanto se encolhe de medo ao pensar nas suas dívidas.

Se estiver imaginando como vai conseguir pagar por (preencha aqui com o que estiver em sua cabeça), talvez nem precise procurar tão longe quanto pensa. É isso que faz a criação de um orçamento ser tão divertida e libertadora. Não há nada como a alegria de acabar com dívidas sem sentido e colocar a sua grana em uma coisa que um dia pareceu um sonho distante. Imagine ver a sua reserva de férias crescer enquanto você emagrece (dois coelhos em uma cajadada só!), ou seus empréstimos desaparecendo enquanto o seu estresse diminui.

Quando o dinheiro parar de abandoná-lo por caprichos, tenha certeza de que vai usá-lo com coisas que *realmente* acha importante antes de ele ir embora. Seu orçamento permite que você gaste e economize sem culpa, porque já decidiu para onde quer que a grana vá. Ele ajuda a ver o seu dinheiro através de um novo ponto de vista, de forma que você sempre fica satisfeito com as suas decisões — quer esteja gastando ou não.

16 **NUNCA MAIS FIQUE SEM DINHEIRO**

Isso vai funcionar de uma maneira diferente para cada um. Depois de analisar os seus gastos, você pode decidir que pedir delivery de comida e fazer compras no eBay *são* importantes para você — talvez não tão importantes quanto economizar para ir à Itália ou pagar pelos seus empréstimos. Independente de qual seja a sua decisão, é possível encontrar uma maneira de pagar por qualquer coisa que, para você, significa ter uma vida boa. Você só precisa de um plano.

As Quatro Regras do YNAB (You Need a Budget)*

Quando terminar a leitura, verá que este livro vai lhe dar duas ferramentas bem poderosas — e pessoais:

Um **sistema concreto** para tomar decisões monetárias adaptadas para a vida que você deseja ter. Esse sistema é o seu orçamento.

Uma **nova mentalidade** para enxergar o seu dinheiro de maneiras que você nunca fez antes. Essa mentalidade são as Quatro Regras do YNAB.

Vou passar o restante deste livro esclarecendo e mostrando a você como os YNABeiros (ou seja, os usuários do YNAB) usaram as regras para transformar as suas vidas. Para começar, aqui vai uma visão geral:

Regra Um: Dê uma função ao seu dinheiro. A Regra Um é sobre ser *proativo*, para que a vida não tome a sua

---

* You Need a Budget (Você precisa de um orçamento, em tradução literal) é o software de finanças pessoais desenvolvido por Jesse Mecham. (N. da E.)

Introdução 17

grana. Em vez disso, você vai decidir quais são as suas prioridades e, depois, atribuir o dinheiro (apenas o dinheiro que você tem agora — vamos falar muito mais sobre isso!) a essas prioridades antes que ele desapareça. Como o seu dinheiro está sendo usado nas suas maiores prioridades, os gastos têm que atingir um novo e compreensível patamar.

A **Regra Dois: Aceite as suas despesas reais** combina o poder de pensar à frente e agir aqui e agora. Sejam despesas que funcionem como um relógio (aluguel), pareçam impossíveis de prever (consertos no carro) ou apenas sonhos distantes (grana para um casamento), todas fazem parte das suas despesas reais. O segredo está em se preparar pouco a pouco ao tratá-las como despesas mensais.

A **Regra Três: Aprenda a levar porrada** ajuda você a se adaptar, para que possa lidar com qualquer coisa que surgir no seu caminho. Seu orçamento é um plano — mas planos mudam, e o seu orçamento deve fazer o mesmo. Gastou mais do que planejava em um jantar com os amigos? A vida pegou você de calças curtas? Não precisa entrar em pânico. Apenas use algum dinheiro de prioridades menores e siga em frente. Você não falhou em fazer o orçamento, apenas se adaptou da melhor forma possível. A maioria das pessoas não imagina esse tipo de flexibilidade em um orçamento, mas esse pode ser o ponto fundamental para fazê-lo funcionar.

A **Regra Quatro: Amadureça o seu dinheiro** tem o objetivo de fazer você gastar apenas o dinheiro recebido há pelo menos trinta dias. Quando consegue aumentar o tempo que passou entre receber o seu salário e a hora de gastá-

-lo, você fica mais seguro, mais flexível. Respira melhor. Se implementar as outras três regras, vai começar a amadurecer o seu dinheiro sem nem perceber e poderá oficialmente dar adeus ao ciclo de salário atrás de salário. (Cuidado para que a porta não bata em você ao sair!)

As Quatro Regras funcionam para todos, não importa o quanto ganhem ou quais sejam os seus objetivos. Não interessa se você acabou de se formar e está começando o primeiro ano como adulto ou se está prestes a se aposentar e começou a fazer saques da sua previdência privada. Rico ou pobre, mão-aberta ou mão de vaca, essas regras vão ajudá-lo a se envolver de forma proativa com o seu dinheiro todos os dias, para que fique no controle das suas finanças.

Antes das Quatro Regras, havia dois recém-casados

Comecei o You Need a Budget (YNAB) em 2001 porque a minha esposa, Julie, e eu estávamos desesperados. Éramos dois recém-casados de 22 anos vivendo em um porão de quase trinta metros quadrados de uma casa de seis décadas. Ambos éramos estudantes "vivendo de amor". Só que o amor não paga pela faculdade, pelos livros ou pelas passagens de ônibus. (Eu mencionei que não tínhamos um carro?) Ainda faltavam três anos para que eu terminasse o meu mestrado em contabilidade, então ganhar um salário de verdade não era algo real em um futuro próximo. Julie estava acabando o seu bacharelado em serviço social e começou a trabalhar por — espere um minuto — 10,50 dólares a hora.

Além de tudo isso, planejávamos ter o nosso primeiro filho e não havia como concretizar o nosso sonho de Julie ser uma mãe dona de casa. Eu estava ficando desesperado, mas, como nerd dos números, sabia que encontraria a resposta em uma planilha do Excel (o lugar onde toda a mágica da vida acontece). Então, comecei a desenvolver um sistema que nos ajudaria a identificar melhor as despesas.

Minha ideia era simples. Planejei anotar todas as despesas que tínhamos. Cada uma das linhas da planilha representaria um dia do ano. Todos os nossos gastos e as nossas economias estavam alinhados no topo. Incluí as coisas de sempre: compras, livros, refeições em restaurante, telefone, transporte etc. O orçamento era belo para mim da mesma maneira que qualquer coisa ordinária é bela aos olhos do seu criador.

Julie e eu começamos a usar o orçamento todos os dias e, depois de alguns meses, uma coisa surpreendente aconteceu. Apesar dos nossos escassos recursos financeiros, percebemos que estávamos indo bem. Conseguíamos pagar pelas despesas e ainda sobrava uma graninha para economizar. Ainda fazíamos todas as coisas que, para nós, significava ter uma vida boa. Fizemos o orçamento para comer fora algumas noites, sair com amigos e para que cada um pudesse gastar um pouco consigo mesmo. Não vivíamos de salário após salário, mas atingíamos os nossos objetivos. O orçamento funcionava.

Então comecei a pensar. Se as minhas estratégias financeiras deram certo para mim, talvez pudessem dar certo para os outros. Àquela altura, estávamos ansiosos para juntar mais dinheiro e Julie se tornar uma mãe dona de casa.

Considerei que podia começar a fazer uma renda extra além das minhas horas de estágio para nos dar mais uma folga enquanto Julie tentava sair do trabalho. Minha ideia era convencer as pessoas que um orçamento também funcionaria para elas. E, assim, nasceu o YNAB.

Conforme comecei a ensinar aos outros os princípios que nos ajudaram, vi que o que tínhamos era muito especial. Estávamos seguindo quatro regras básicas, mas poderosas, que mudaram as nossas finanças para sempre. Não brigávamos por dinheiro. Estávamos contentes (mesmo com os nossos parcos ganhos).

Avance uma década e essas mesmas regras já ajudaram centenas de milhares de indivíduos e famílias por todo o mundo. Consegui o meu título de mestre em contabilidade e me tornei um contador licenciado, mas me afastei do holofote das estrelas da contabilidade e decidi lançar o YNAB como um negócio completo. Meu trabalho em tempo integral — e todo este livro — é focado em ajudar você a perceber que pode conseguir sua liberdade financeira. Mas, para isso, vai precisar de um orçamento.

Continue comigo. Garanto que você nunca fez orçamentos dessa maneira.

Vamos esclarecer algumas coisas

Quero deixar alguns detalhes bem claros antes de prosseguirmos:

Nunca vou dizer a você o que fazer com o seu dinheiro. Sim, este é um livro de finanças pessoais, mas isso não

Introdução 21

interessa. Não vou dizer que a sua grana devia estar no mercado de ações, na poupança ou envolvendo os seus pés na forma de um novo par de tênis Air Jordan (que cor você escolheu?). Você é a única pessoa que pode saber o que o seu dinheiro precisa fazer por você, porque as prioridades são *suas*. No entanto, descobrir o que quer que o seu dinheiro faça pode ser a parte mais difícil, e estou aqui para ajudá--lo nisso. Seus objetivos e suas prioridades provavelmente vão mudar com o tempo. É normal. Tudo depende de como você quer que a sua vida seja.

Você não precisa se inscrever no YNAB. Se ainda não percebeu, o YNAB é mais sobre a sua mentalidade financeira do que sobre como você escolhe acompanhar a sua grana. Não importa se é um usuário do software do YNAB há anos ou se prefere analisar o seu progresso com papel e caneta, as Quatro Regras ainda se aplicam. Avalie qual será a maneira mais confortável de acompanhar o seu orçamento. O Excel me dá uma certa alegria que não consigo explicar, então Julie e eu usamos a nossa planilha de YNAB por anos. Se preferir papel, pode fazer seu orçamento em um caderno. Você vai analisar o orçamento muitas vezes, então tenha certeza de que o método escolhido combina com a sua personalidade. E falando nisso...

Essa não é uma abordagem "use e esqueça". Alguns guias sobre gerenciamento financeiro (livros, softwares, videntes, qualquer coisa!) fazem o seu trabalho de uma forma que, segundo eles, é possível colocar tudo no piloto automático. Essa característica é ótima quando se trata de pagar contas, mas o YNAB é muito mais do que isso. Se você está pronto para planejar a vida que deseja, vai precisar se envolver com o seu dinheiro *constantemente*. Vai ter um plano para cada tostão que chegar na sua conta bancária. Toda compra que fizer vai ser corroborada pela decisão de que é daquela forma que deseja gastar o dinheiro. E, sempre que for rebelde com os seus gastos, vai ajustar o seu plano para ele continuar nos trilhos até alcançar seus objetivos.

Falei anteriormente que essa coisa toda não é sobre dinheiro, e não é. É sobre as suas prioridades. Mas você *precisa* prestar bastante atenção no que está fazendo com a grana para que ela possa pagar pelas suas prioridades. O YNAB faz com que você tenha uma intenção bem clara com o seu dinheiro — o exato oposto do piloto automático —, mas acho que você não vai se importar de gastar tempo e energia assim que perceber tudo o que está ao seu alcance.

Antes que comece a expor a sua conta bancária, vamos abrir as cortinas para revelar a nova mentalidade que está prestes a colocar toda a sua visão sobre dinheiro de cabeça para baixo.

DICAS PARA ALIVIAR SEU ESTRESSE FINANCEIRO

A maior parte do nosso estresse financeiro gira em torno de duas perguntas debilitantes: *Será que eu posso?* e *Será que eu deveria?*. Esqueça-as, porque elas não vão ajudá-lo a tomar boas decisões financeiras. Em vez disso, pergunte a si mesmo: *O que eu quero que o dinheiro faça por mim?* Assim que fizer isso, você estará deixando as suas prioridades guiarem as suas escolhas.

O verdadeiro segredo para ter certeza de que o dinheiro está caminhando na direção da vida que você deseja são as Quatro Regras do YNAB. Se abraçá-las, em pouco tempo elas estarão tatuadas no seu cérebro:

- Regra Um: Dê uma função ao seu dinheiro
- Regra Dois: Aceite as suas despesas reais
- Regra Três: Aprenda a levar porrada
- Regra Quatro: Amadureça o seu dinheiro

Agora, prepare-se: você nunca mais vai ver a sua grana da mesma maneira.

CAPÍTULO 1:
Uma nova maneira de olhar para o seu dinheiro

Se você se importa o suficiente com dinheiro para estar lendo este livro, há uma boa chance de já ter tentado fazer um orçamento antes. Para a maioria de nós, esse exercício acontece mais ou menos assim:

Abrimos uma planilha no Excel e criamos colunas para as nossas categorias de gastos — ou pelo menos foi o que eu fiz. Começamos a listar coisas em que gastamos dinheiro, mas não existe muita ordem nisso. Temos os inegociáveis, como aluguel, empréstimos, carro e os serviços essenciais (água, luz, gás). Misturamos outras despesas, sejam grandes ou pequenas e, como alguém nos disse que isso significa ser um adulto responsável, acrescentamos algo para poupança e até um dinheirinho para as férias.

Uma vez que temos a nossa linda lista de gastos, preenchemos cada célula com a quantidade de grana baseada no que *pensamos que vamos* — *ou deveríamos* — *gastar* a cada mês. Muitos gastos inegociáveis são fáceis, já que têm o mesmo valor mensal, e é possível fazer uma previsão bastante razoável para coisas como os serviços essenciais. Para o restante, colocamos o que achamos ser um número generoso, mas não extravagante, porque isso é um orçamento, não uma competição de vale-tudo.

Quando terminamos, admiramos nossa obra artesanal. Mesmo que tenha alguns buracos, é mais do que já fizemos antes, e então criamos um plano a ser seguido todo mês. Dá uma sensação tão boa saber para onde exatamente os nossos futuros salários precisam ir.

Porém, o que aconteceu depois que você fez essa maravilhosa planilha? Imagino que a tenha abandonado rapidinho. Meus amigos Nikki e Aaron ficaram bem animados com a deles, mas desistiram depois de um mês, quando descobriram que os seus gastos reais eram bem diferentes dos números previstos nas células do Excel. Eles ficaram assustados por essa disparidade e decidiram voltar ao orçamento quando a vida ficasse um pouco mais calma (spoiler: isso nunca acontece). Minha vizinha Summer me falou que abandonou o orçamento dela porque nunca tinha dinheiro suficiente para pagar por cada item nas linhas que ela, de forma tão otimista, planejou. Essa realidade a fez querer evitar a planilha como se fosse sua ex-sogra (de uma maneira um tanto estranha, as duas a faziam sentir que ela nunca era "suficiente"). Summer de-

Uma nova maneira de olhar para o seu dinheiro   27

sistiu, pensando que ou o orçamento não funcionava, ou que ela não era boa com dinheiro. Se essas situações parecem dolorosamente familiares, não se preocupe. Não é você. Foi o sistema que falhou. Esse tipo de orçamento não funciona por diversas razões.

Em primeiro lugar, não há espaço para prioridades. Cada item nas linhas compete pelo seu dinheiro e não existe estrutura para decidir o que deve ser priorizado acima de tudo. Também não há como garantir que coisas importantes não foram *deixadas de lado*. Você provavelmente (espera-se) deu prioridade total às contas e às coisas essenciais da vida. Mas como vai decidir o que será pago depois, especialmente quando não tem grana suficiente para tudo? Colocar mais no pagamento dos empréstimos estudantis ou economizar para as férias? Despejar um montante na poupança da sua filha ou poupar para a ida dela ao acampamento de verão? Essa é a sua deixa para sair correndo aos gritos.

Ele também oferece flexibilidade zero. Você falha de forma automática no momento em que a vida real não se alinha às suas previsões. Quem quer esse tipo de estresse?

Outro grande problema é que isso, na verdade, não é fazer um orçamento, é fazer **previsões**. Previsões são quando você olha para o futuro e adivinha o quanto vai receber e gastar. Isso pode ser divertido, porque estamos pintando um retrato da vida que queremos ter ou da pessoa que queremos ser, sem ter que nos preocupar em fazer os números funcionarem. É fácil jogar $300 na sua poupança para as férias e $500 nas compras do supermercado quando estamos falando de dinheiro do futuro. A abordagem reversa

28   **NUNCA MAIS FIQUE SEM DINHEIRO**

também é problemática: você pode jurar que só vai gastar $50 em compras por mês, mas isso nunca acontece na vida real, e você acaba se sentindo mal apenas por ter comprado produtos essenciais para a sua família.

A diferença entre fazer previsões e fazer um orçamento é bem parecida com a diferença entre sonhar e agir. É legal prever e *sonhar* com a vida que você deseja se um dia conseguir fazer com que aqueles números funcionem. Mas e quanto a olhar para o dinheiro que tem agora e criar um plano de gastos baseado no que é mais importante para você? É disso que o YNAB se trata.

Quando você vê o seu dinheiro de outro ponto de vista — priorizando a grana que tem *agora* — a coisa toda muda de figura. Você não está mais adivinhando e criando expectativas — você está dando um propósito ao seu dinheiro. Está deixando as suas prioridades guiarem a forma como gasta a grana que tem à mão. E está esquecendo qualquer promessa monetária futura.

Veja bem, não estou dizendo que você não deve pensar no futuro. Seu orçamento é sobre pensar adiante. Apenas tenha certeza de não fazer previsões de *dinheiro do futuro*. Essa grana vai ser ótima quando bater na sua conta, mas a sua única preocupação deve ser garantir que o dinheiro que você tem *hoje* o deixe mais perto dos seus objetivos.

Essa mudança é um grande negócio. É a diferença entre sonhar com uma vida melhor e ter uma. Assim que deixar as suas prioridades liderarem, vai perceber que muitas das ansiedades que tem sobre dinheiro — e as preocupações que pensava não ter nada a ver com grana — logo desapa-

Uma nova maneira de olhar para o seu dinheiro 29

recem. A neblina se esvai e você pode ver com clareza para onde está indo. Foi isso que aconteceu com Julie e eu quando fizemos o nosso primeiro orçamento. Começamos a imaginar como seríamos capazes de manter uma família com filhos recebendo apenas uma fonte de renda para depois vermos *exatamente* como isso ia acontecer. No nosso caso, envolveu proezas extremas de não gastar dinheiro, mas só porque estávamos tentando alcançar muita coisa com uma grana bem apertada. Nosso orçamento era tão simples que ainda consigo me lembrar dele. Naquela época, ganhávamos juntos menos de $1.900 por mês, que colocamos sob as seguintes prioridades:

$350 de aluguel (incluindo os serviços essenciais — até mesmo um telefone fixo!)

$120 de compras

$15 de seguro de carro anual

$75 de transporte

$10 de dinheiro para diversão ($5 para cada)

$25 para comer fora

$125 para os livros da faculdade

$130 de plano de saúde

$25 para produtos de cabelo e de banheiro

$120 de economia para o carro novo

$45 para o Natal

$550 de poupança (para que Julie pudesse se tornar uma mãe dona de casa assim que o nosso primeiro filho nascesse e eu pudesse terminar o mestrado)

Sua realidade orçamentária pode parecer bem diferente da nossa naquela época, mas os mesmos princípios se aplicam. Apenas veja o dinheiro que você tem à mão hoje e decida o que quer que ele faça por você. Essa é a primeira regra do YNAB: Dê uma função ao seu dinheiro.

(Se você já está pensando em um dinheiro que ainda não tem, lembre-se de que a grande mudança é focar *apenas* no que tem hoje. Vamos. Tente.)

Vamos dizer que o saldo da sua conta bancária hoje está em $400. Você sabe que a sua conta do celular de $50 e a da TV a cabo de $100 vencem antes de o seu próximo salário chegar, então separe esse dinheiro. Você também tem planos para fazer um jantar para Evelyn, a garota com a qual acabou de começar a namorar, mas a sua geladeira tem apenas seis ovos, uma caixa de leite semidesnatado e um coco. Você separa $100 para comprar os ingredientes para o jantar e um buquê de flores. Ainda sobra $150, o que é ótimo, porque você vai sair amanhã à noite para o aniversário do seu irmão. Você acha que vai ficar tudo bem porque o balanço das suas contas parece decente. No entanto, você só tem seis ovos, uma caixa de leite semidesnatado e um coco na geladeira. Precisa de comida para si mesmo. No momento em que está dividindo os custos entre as compras ($100) e a noitada ($50), percebe que não separou nenhum dinheiro para pagar o cartão de crédito. A conta vence na semana que vem, então vai ter que tirar alguma coisa daqueles $400 se quiser cumprir o seu objetivo de pagar as contas do mês.

Caramba, o dinheiro começa a parecer um pouco escasso. Não se preocupe e não desista de fazer orçamentos —

Uma nova maneira de olhar para o seu dinheiro   31

esse sentimento de escassez é uma coisa boa. Significa que você está vendo o seu dinheiro pelo que ele realmente é: um recurso finito — e esta é uma grande parte da mudança de mentalidade sobre a qual falei. Na verdade, não importa quanto dinheiro temos ou não. A escassez é apenas aquele sentimento de *queria que tivesse mais*. Esse é um momento importante. O sentimento de escassez pode nos dar vontade de desistir, mas, quando damos um passo atrás e abraçamos a falta de dinheiro, tomamos boas decisões. Quando reconhecemos que a nossa grana é finita, temos um propósito maior sobre como gastar. A escassez nos estimula a sermos bastante realistas em relação às nossas prioridades, e aquelas que são mais importantes para nós ficam claras nesse momento. E isso vai fazer mudanças significativas para melhorar as suas finanças. Mas estou me adiantando.

Aqui está o desafio: parece que tudo que está competindo por aqueles $400 é uma prioridade. Você quer mostrar a Evelyn as suas habilidades culinárias desde que descobriram o seu amor em comum por *Top Chef*. Não dá para cancelar o jantar de jeito nenhum. Passar tempo com a família é prioridade máxima, e você nunca perderia o aniversário do seu irmão. Não pode deixar de comer pelo restante do mês (sério, nem tente). E, ano passado, você decidiu que queria *mesmo* se livrar das dívidas antes de se casar. (Você nem tinha namorada naquela época — uma garota como Evelyn era apenas um sonho. Não estrague tudo!) O que fazer?

O dinheiro é escasso, mas se você tiver intenções sérias sobre os seus gastos, é possível esticar aqueles $400 para cada uma das prioridades máximas. Você dá uma nova olhada no

NUNCA MAIS FIQUE SEM DINHEIRO

cardápio do jantar com Evelyn e muda de carne para frango assado, e compra o que está em promoção para si mesmo. Também decide quanto vai gastar no aniversário do seu irmão antes de sair de casa. Você se mantém feliz e fiel ao orçamento do aniversário porque sabe que, se gastar mais, não vai poder cumprir o importante objetivo de pagar o cartão de crédito. Essas mudanças liberam os $150 que você precisava para pagar as contas. Sucesso! Aqui está uma visão geral:

$400, tomada um:	$400, tomada dois:
$50 para o celular	$50 para o celular
$100 para a TV a cabo	$100 para a TV a cabo
$100 para o jantar romântico	$35 para o jantar romântico
$100 para as compras	$35 para as compras
$50 para a noitada	$30 para a noitada
	$150 para pagar o cartão de crédito

Se não tivesse feito um orçamento, aquele saldo de $400 na sua conta teria parecido mais que o suficiente até o próximo pagamento. Você teria gastado o dinheiro cegamente, sem nem perceber que a grana que gastou no táxi para ir à festa do seu irmão teria que financiar o seu almoço pelas próximas duas semanas. Você também não saberia — até ser tarde demais — que os filés envelhecidos que comprou para impressionar Evelyn eventualmente o impediriam de alcançar o objetivo de pagar a conta do cartão de crédito. Ao ter uma intenção com cada gasto, você conseguiu custear cada prioridade sem nenhum prejuízo financeiro.

Uma nova maneira de olhar para o seu dinheiro · 33

Agora, você está tomando decisões reais com o seu dinheiro, e as suas prioridades estão brilhando.

É ORÇAMENTO OU PREVISÃO?

A diferença entre fazer um orçamento e fazer uma previsão pode parecer obscura no início. Se o aluguel só vence em duas semanas, mas o seu próximo salário vai cair antes disso, você está prevendo por confiar no futuro pagamento? Não mesmo — contanto que não faça um orçamento para o aluguel até que receba o dinheiro.

Se não tem o suficiente para fazer o orçamento para o restante do mês, então crie o orçamento baseado na 1) sua importância e 2) sua ordem. Se você tem $200 e precisa comprar comida, faça um orçamento para isso antes de fazer um para o aluguel que só vence em duas semanas. Assim que o salário bater, pague o aluguel e qualquer outra coisa essencial que estiver para vencer. Se isso o deixar com pouco dinheiro e preocupado, seja criativo. Você precisa de mais grana, então corte despesas, venda coisas, faça por merecer. É aí que você está tomando o controle de verdade.

Dito isso, o objetivo das Quatro Regras é fazer com que você chegue ao ponto em que nunca precise fazer a ligação temporária entre contas e pagamentos. Isso pode parecer impossível, mas você *pode* chegar lá. Apenas fique de olho nas suas prioridades — e continue lendo.

Use o orçamento para escrever o seu futuro

Como falei antes, não há nada de errado em olhar para o futuro. A Regra Dois do YNAB — Aceite as suas despesas reais — é sobre antecipar gastos futuros, e isso é muito importante para quem tem ganhos flutuantes. Só não confunda fazer orçamentos com prever — uma coisa é um plano para a vida real, a outra é uma série de suposições construída em "se" e "talvez". As previsões fazem com que você "orce" um dinheiro que ainda não tem e finja que sabe exatamente como as suas dívidas serão daqui a três meses. Você sabe que não vai funcionar assim, e não vai se sentir melhor depois de calcular os números imaginários. Fazer orçamentos o obriga a priorizar o dinheiro que tem — e o deixa confiante, porque sabe que ele é 100% baseado na realidade.

Não se preocupe, "baseado na realidade" não é um código para a prudência dolorosa ou para a restrição. Na verdade, é o contrário. Fazer orçamentos o ajuda a ver para onde o seu dinheiro de fato está indo e, assim, você pode criar novas rotas, caso ele não esteja indo para os lugares que deseja. Então, se você quer ir a Paris, vá a Paris! Se decidir que precisa comprar uma casa de veraneio, compre uma! Mas crie um orçamento para essas coisas. Dessa forma, você poderá financiar esses sonhos em pouco tempo — só não espere que poderá um dia pagar por essas coisas enquanto os anos, e o dinheiro, estão fugindo.

Phil e Alexis transformaram seu "sonho de algum dia" em realidade quando começaram a fazer orçamentos em janeiro de 2015. Alexis estava planejando se demitir naquela primavera para se tornar uma web designer freelance e passar mais tempo com seu filho de 3 anos, Jack. Eu adoro a história deles porque mostra como fazer orçamentos os ajudou naquele momento *e também* a olhar para a frente com confiança. Antes que Alexis saísse do seu emprego maçante, ela queria saber por quanto tempo os $20.000 de seu "fundo de freelance" — montante que eles demoraram dois anos para acumular — poderia cobrir as dívidas do estilo de vida da família no subúrbio de Boston. O objetivo era que o dinheiro guardado pudesse pagar por todas as despesas, pois não queriam presumir que o salário de Phil (ele é designer em uma agência de propagandas) sempre estaria lá. Com Alexis sem emprego fixo, eles ficariam financeiramente devastados se os ganhos de Phil de repente sumissem em uma onda de demissões.

Até então, os dois nunca tinham feito um orçamento, mas possuíam noção dos seus padrões de gastos, graças aos dois anos poupando para o fundo de freelance. Assim, fizeram um orçamento para despesas fixas e serviços básicos, além de algumas coisas que eram importantes para eles: jantar fora uma vez por semana, uma poupança para as férias, aulas de música para o filho e uma miscelânea de gastos para ter um espaço para tomar fôlego. Outras despesas novas também estavam no horizonte: a mensalidade da pré-escola de Jack e o pagamento mensal do novo aquecedor deles, já que o velho calefator que viera com a casa pifara no mês anterior.

Quando Phil e Alexis viram que o seu fundo de freelance de $20.000 só cobriria três meses de despesas, o san-

36 NUNCA MAIS FIQUE SEM DINHEIRO

gue deles gelou. Eles queriam a paz de espírito de saber que tinham o suficiente para seis meses, independente do que acontecesse. Isso daria tempo suficiente para Alexis construir uma base de clientes e permitiria que os contracheques de Phil pudessem ser poupados para ajudar nos meses seguintes.

Ambos sabiam que algo precisava mudar e estavam dispostos a ajustar o estilo de vida que levavam para que Alexis pudesse se tornar freelance. Era prioridade para eles que um dos pais da família não estivesse preso ao trabalho. Precisavam de flexibilidade, para que Alexis pudesse levar e buscar Jack na pré-escola, que começaria no outono. Ela também queria passar mais tempo com o filho, em vez de perder horas e horas no escritório. Até aquele momento, os dois tinham sido abençoados pelo fato de os pais de Alexis poderem cuidar de Jack o dia inteiro de graça. A mensalidade da pré-escola era uma conta significativa, e atingiria o orçamento deles exatamente quando os ganhos previsíveis de Alexis estariam prestes a desaparecer. Porém, o casal estava determinado a tornar a Operação Alexis Vira Freelance uma realidade.

Então, revisaram o orçamento, foram realistas sobre as suas prioridades e tiraram $870 das despesas mensais em poucos minutos: o orçamento para comer fora diminuiu em $250 e o de babás em $150. Eles ainda teriam jantares românticos, mas decidiram fazer uma refeição especial em casa duas sextas-feiras ao mês depois de Jack dormir. Não se importaram em diminuir o plano de TV a cabo de $150 para um de $80, já que quase nunca assistiam aos canais

Uma nova maneira de olhar para o seu dinheiro 37

extras (economizando, assim, $70). E, embora estivessem orgulhosos de separar $400 por mês para o fundo de faculdade de Jack, decidiram que valia a pena congelar aqueles pagamentos por um tempo, até que a família se encontrasse em solo financeiro mais firme.

Depois de acabar com essas despesas, eles *acrescentaram* $150 por mês para economizar para reformas no porão. O casal notara goteiras em uma rachadura na fundação da casa durante a última tempestade e combinou que aquilo precisaria ser consertado em um ano. Phil e Alexis odiavam a hipótese de que teriam que correr com os reparos caso outra grande tempestade caísse. Eles não adoravam a ideia de acrescentar uma despesa ao orçamento, sobretudo naquele momento, mas teria sido bem pior encontrar o gasto extra de repente. Poupar para as reformas era uma grande maneira de aliviar o estresse.

Ambos ainda teriam tarefas a cumprir se quisessem esticar aqueles $20.000 por um período de seis meses, mas as coisas começavam a parecer melhores. Podiam vislumbrar um caminho para os seus objetivos.

Isso parece muito com previsão, mas há uma diferença principal: Alexis e Phil fizeram seus planos baseados apenas no dinheiro que já tinham. Não planejaram com números nebulosos — fizeram um plano concreto para o dinheiro real que tinham na conta bancária, baseado nas suas prioridades. Assim que perceberam o que precisavam fazer para que pudessem levar a vida que desejavam, as mudanças não foram tão difíceis quanto pensavam. Saber que tinham o suficiente para pagar pelas compras dos próximos seis meses triunfava sobre fazer diversas refeições fora. Pagar a hipoteca os fazia se sentir bem melhor do que pagar por seis canais diferentes da MTV. O orçamento os ajudou a focar de forma clara nas suas prioridades, e essas prioridades agora guiam cada uma das suas decisões de gastos.

SAIBA QUANDO ESCUTAR A CULPA

A ideia de fazer *o que quiser* com o seu dinheiro pode deixar algumas pessoas desconfortáveis. A culpa logo aparece se tememos que as nossas escolhas não representem o melhor uso de nossa grana. Como você pode justificar a economia (e depois o gasto) de um bom montante para ter a lareira dos seus sonhos ou para passar uma semana na Disney, quando imagina que uma pessoa mais "esperta" usaria esse dinheiro para, digamos, investir no mercado de ações? As escolhas menores também não são poupadas. Você deveria mesmo estar gastando todo mês em pedicure ou em almoços com amigos? Isso depende.

Se a culpa o assombra, em geral é porque você:

Sabe instintivamente que uma prioridade maior precisa da sua atenção, ou

Está deixando a expectativa de outras pessoas sobre como deveria viver manchar as suas escolhas.

É nesse ponto que fazer orçamentos e uma busca profunda se entrecruzam. Em algum momento, fazer orçamentos *se torna* uma busca profunda. É por isso que dediquei o próximo capítulo inteiro para ajudá-lo a descobrir quais são as suas prioridades. Você não se sentirá confiante sobre as suas decisões financeiras a não ser que vasculhe bem fundo para perceber o que importa de verdade para *você*. Dá trabalho silenciar o seu crítico interior e fazer o que o deixa feliz. Porém, uma vez que encontrar a coragem para colocar isso em prática, nunca mais vai querer voltar a ser como antes.

É isso que acontece quando você está levando a vida que deseja

Uma coisa engraçada acontece quando você começa a seguir as Quatro Regras do YNAB. Cada tostão que tem é acompanhado por um pequeno sobressalto de poder. Você se sente no controle total do seu dinheiro e da sua vida.

Um café com leite não é mais só um café com leite. É liberdade financeira (continue comigo — porque é isso mesmo, de verdade).

Quando você passa a gastar de acordo com um orçamento, o café com leite é uma compra que você decidiu fazer porque teve vontade e porque tinha os meios, sem culpa. Se estiver economizando (ou, em vez disso, evitando comprar), está fazendo isso com convicção, não só porque "cafés com leite são caros". Sem culpa aqui também.

No momento em que você se pergunta "O que eu quero que este dinheiro faça por mim?", está decidindo como usar a grana para se aproximar da vida que deseja. Se sair para tomar café traz uma certa alegria ao seu dia e você não quer perdê-la, crie uma categoria para o café no seu orçamento e não se sinta mal por isso! Apenas se certifique de que o café esteja de fato o ajudando a alcançar os seus objetivos. Talvez sim, caso decida que passar alguns minutos conversando com os colegas de trabalho é importante. Ou que tirar quinze minutos do seu agitado dia para aproveitar algo que você ama é algo que o deixa feliz.

Uma vez que os seus objetivos estão determinados, eles dão apoio a cada um dos seus gastos. Se decidir que terá paz de espírito com um fundo para emergências de $20.000 e tiver que economizar $1.000 por mês até atingir esse objetivo, você vai ajustar o seu comportamento de gastos para isso acontecer. Talvez parte da sua estratégia de poupança não inclua cafés com leite, mas não precisa ser assim se você *amar café com leite*.

É claro que fazer um planejamento com o seu dinheiro vai muito além de financiar as suas despesas fixas com cafeína. Esse planejamento o coloca no controle do dinheiro antes que ele — ou a falta dele — tenha a chance de controlar você. Essa é a força motora por trás da Regra Dois — Aceite as suas despesas reais. Ao quebrar gastos grandes e infrequentes em marcos pequenos e corriqueiros, você se livra de contas "surpresas" que tendem a nos cegar. De repente, não há mais surpresas.

Fazer um orçamento foi o que permitiu a Phil e Alexis começar o estilo de vida freelance dela. Ao determinarem um trabalho para cada tostão que saía da conta deles — ou que permanecia lá —, eles conseguiram esticar o fundo de freelance por muito mais tempo do que os seus antigos há-

Uma nova maneira de olhar para o seu dinheiro 41

bitos de gastos teriam permitido. E como Alexis não estava mais tão preocupada sobre como sobreviveriam, ela tinha a clareza mental para depositar mais energia em construir uma base de clientes. Isso significou que nem precisaria depender do fundo de freelance por muito tempo.

Se você não faz um planejamento, está jogando dinheiro em coisas que passam na sua frente — sejam elas contas ou desejos — e apenas torcendo para que sobre alguma grana depois de a poeira baixar. Com um orçamento, por outro lado, você está detalhando as suas decisões financeiras antes que elas aconteçam. Pode orçar até para o inesperado, mesmo que o "inesperado" seja apenas algo divertido. Por exemplo, compras por impulso em geral levam má fama, mas por que tem que ser assim? Talvez a ocasional compra durante uma liquidação lhe traga uma alegria e você esteja preocupado, achando que fazer orçamentos significa que não vai poder mais passear alegremente pelos shoppings enquanto vasculha, tal qual um antropólogo, as prateleiras das lojas durante o horário de almoço. Bem, se você já pagou todas as contas e sobrou alguma grana, por que não fazer um orçamento para umas comprinhas por impulso todo mês? Como bônus, não se sentirá culpado por gastar esse dinheiro, porque o objetivo dele é financiar as suas idas ao shopping. É para isso que ele está lá! E se você não tiver nada na categoria "compras por impulso" nesse mês, saberá que é porque intencionalmente colocou essa grana em outra coisa — outra prioridade mais importante. Você está no controle.

Quando decide o que quer que o seu dinheiro faça por você é porque não está mais se perguntando: "Será que eu posso pagar por isso?" Essa é uma boa pergunta — é bom ter certeza de que você tem o dinheiro antes de gastá-lo —, mas uma pergunta ainda melhor é: "Isso faz com que eu fique mais perto de atingir os meus objetivos?" Quando *este* for o filtro que guiará as suas decisões financeiras, cada centavo se torna bem mais poderoso.

Prepare-se para a liberdade financeira

Sua nova mentalidade financeira de acordo com o YNAB tem diversas vantagens. A animação de fazer orçamentos e atingir os seus objetivos quase nunca desaparece. Nós nos sentimos ótimos sempre que traçamos um plano para o nosso dinheiro e conseguimos segui-lo, ou quando lidamos de forma bem-sucedida com o inesperado. Isso acontece porque a maioria de nós não percebe o quanto nos estressamos com dinheiro até que o estresse desapareça.

Conforme a ansiedade diminui, algo bem melhor toma o lugar dela: paz. Imagine poder pagar pelas contas no momento em que elas chegam na sua casa, porque o dinheiro está ali, esperando por aquilo. (Pessoalmente, eu fico arrepiado quando chego em casa e encontro uma pilha de contas que podem ser pagas de imediato.) Imagine fazer compras sem culpa, poupando sem ter que trabalhar à exaustão, e sentindo que você pode planejar a sua vida da maneira que o deixa feliz. Seus sonhos mais loucos de repente não parecem tão loucos assim quando você encontra uma forma de realizá-los.

Isso, para mim, é liberdade financeira. É uma forma de nunca ter que se preocupar com dinheiro, mesmo que você não tenha uma pilha infinita dele. Você não precisa ser o Tio Patinhas, nadando em uma piscina de moedas de ouro, para experimentar essa liberdade. (Mas, se esse for o seu objetivo, ei, vai nessa.) Você só precisa fazer um planejamento para o dinheiro, a fim de ter certeza de que ele está fazendo exatamente o que você quer que ele faça.

SUA NOVA MENTALIDADE FINANCEIRA EM UMA FRASE:

Esqueça o dinheiro do futuro, use o dinheiro de hoje para escrever o seu futuro.

CAPÍTULO 2:
Regra Um — Dê uma função ao seu dinheiro

A Regra Um: Dê uma função ao seu dinheiro parece bastante simples, e é. Apenas veja o saldo da sua conta bancária e dê uma função à sua grana. No momento que fizer isso, estará oficialmente orçando e, com cada "função", estará respondendo à pergunta: *O que eu quero que o dinheiro faça por mim?*

Porém, antes que comece a dar ordens ao seu dinheiro, é preciso decidir o que tem que ser feito. Você está escrevendo uma lista de afazeres para a sua grana. Se nunca fez nada tão (pro)ativo com o seu dinheiro, logo vai ver como a sua perspectiva muda a cada centavo que tem à mão.

Comece com a própria sobrevivência. Sei que disse que não ia falar para você o que fazer com o seu dinheiro, mas

46 **NUNCA MAIS FIQUE SEM DINHEIRO**

vou quebrar a minha própria regra aqui e falar que, se o seu bem-estar básico não for a sua maior prioridade, você deveria mudar de plano. Aquele cruzeiro é um sonho distante se não souber o básico do que o torna um membro funcional da sociedade. Escreva em um papel todos os lugares para onde o seu dinheiro *precisa* ir. Foque nos pagamentos que você é obrigado a fazer para manter a sua vida funcionando. Pense em comida e abrigo, empréstimos, pagamentos estudantis e quaisquer outras despesas de trabalho necessárias (por exemplo, uma conexão à internet, se você trabalha em casa, custos de transporte etc.). Os YNABeiros Lia e Adam colocaram as seguintes categorias como as suas maiores obrigações:

Aluguel	Pagamento do carro
Gás	Combustível
Eletricidade	Consertos do carro
Internet	Seguro do carro
Telefones	Seguro de vida
Compras/produtos de	Empréstimos estudantis
higiene	Contas do casamento

A Regra Um logo se torna pessoal. Todos nós precisamos começar pelas nossas obrigações, mas mesmo estas mudam drasticamente de pessoa para pessoa. Talvez a sua hipoteca já esteja paga e você vá andando até o trabalho. Suas obrigações já vão parecer bem diferentes das de Lia e Adam.

Assim que tiver uma lista de prioridades, comece a designar funções. Comece hoje, não importa quanto dinheiro tem na sua conta. Pergunte a si mesmo: *O que eu preciso que esse dinheiro faça até receber o próximo?* O aluguel ou a hipoteca vencem nessa semana? A conta do cartão de crédito? A mensalidade escolar?

Mais uma vez, pague as suas obrigações antes de qualquer coisa. Se você está fazendo o seu primeiro orçamento, nem pense em gastar em outras áreas — ainda não. Apenas se certifique de que reservou dinheiro suficiente para manter comida na geladeira, um teto sobre a sua cabeça e os cobradores bem longe. Fazer planos para qualquer outra coisa vai ser muito mais divertido quando os serviços básicos estiverem cobertos (a não ser que você sinta certa emoção ao não saber se a luz vai ser cortada esse mês — conheci um cara assim na faculdade).

O restante das suas prioridades vem depois que as obrigações forem resolvidas. É aí que fazer orçamentos se torna emocionante. Você rapidamente vai de pagar as contas para criar em detalhes um plano para a vida que deseja. Não vai mais apenas gastar ou poupar por capricho. Vai fazer isso com uma intenção, e vai ter certeza de que as coisas que são mais importantes para você têm prioridade sobre os seus ganhos.

Desafie qualquer presunção

Conforme considera as suas obrigações, tenha em mente que você tem mais controle sobre as suas despesas do que talvez perceba. Algumas coisas, como o pagamento de empréstimos, não são muito flexíveis, mas você possui bastante liberdade criativa para elaborar as suas despesas a fim de alcançar o tipo de vida desejada.

Para começar, certifique-se de que está separando as obrigações *reais* dos hábitos disfarçados de necessidade. De vez em quando, pode ser difícil perceber essa diferença. Apenas lembre-se de que os seus hábitos, em última instância, são negociáveis — suas obrigações, não. Se for necessário, você pode bolar um plano alternativo a pagar pelo almoço. Pagar o aluguel ou a hipoteca? Não é tão fácil escapar disso, a não ser que voltar a morar na casa dos seus pais seja uma opção. Aliás, não precisa ter vergonha disso.

Podemos cair em uma armadilha ao pensar que certas despesas são apenas o que são — mas esse raramente é o caso. Quase sempre é possível fazer algo para diminuir os gastos. É neste ponto que desafiar qualquer presunção pode ter um grande impacto no seu orçamento. É também um ótimo momento para considerar como certas mudanças podem melhorar a sua qualidade de vida — afinal, orçamentos servem para mudar a vida para melhor.

Seu carro é uma obrigação? Talvez seja agora, porque você precisa dele para ir até o trabalho, e o transporte público não é uma opção. Mas é possível ir trabalhar de bicicleta ou a pé? E, já que estamos falando disso, é possível se mudar para uma casa menor e mais barata, que custaria menos em aquecimento e ar-condicionado? Se tem dois carros, consegue se virar só com um? Pode parecer loucura considerar mudanças tão grandes, mas talvez não seja. Depende de como uma vida boa pareça para você.

Julie e eu nos mudamos para uma casa menor logo depois que a nossa sexta filha, Faye, nasceu. Enquanto procurávamos a nossa primeira casa, achávamos que era necessário ter uma grande sala de jantar, porque adoramos receber amigos para festas. Mas, ao que parece, pelo menos em Utah, não dá para ter uma grande sala de jantar sem ter quartos extras e uma enorme sala de estar para completar o pacote. Tinha muita coisa boa na nossa casa — ótimos vizinhos, era perto de tudo —, mas percebermos que não precisávamos de tanto espaço. Todo mundo ficava na cozinha durante as festas, e os nossos filhos gostam da companhia um do outro e dividem os quartos (talvez quando se tornarem adolescentes isso mude, mas eles vão ter que se virar com o que têm). Nós "fizemos um mau negócio" em termos de tamanho da casa, mas o novo lugar tem outras coisas intangíveis que também eram importantes para nós: menos tráfego, mais privacidade e uma vista maravilhosa de Utah Valley. Diminuir os custos e aumentar a qualidade de vida nos pareceu uma grande vitória.

Desafiar as suas presunções não necessariamente significa grandes mudanças de vida. Cada esforço mínimo pode fazê-lo economizar dinheiro sem atrapalhar o seu cotidiano. Dê uma olhada nas suas contas. Seu telefone pode ser uma obrigação, porque é necessário para seu trabalho. Mas é possível mudar para um plano de dados mais barato? Talvez sim, se você se assegurar de que vai conectar no wi-fi sempre que estiver em casa. Tenha cuidado também ao agrupar certas contas com outras grandes prioridades. Você precisa de Netflix *e* Hulu *e* TV a cabo? Talvez não, mas se colocar tudo isso na categoria TV, fica fácil deixar de perceber o excesso em potencial.

Isso não é sobre privação. O objetivo é fazê-lo se questionar sobre as suas reações habituais a coisas que presume serem obrigações suas. Dê um passo atrás para que possa vê-las com clareza total. Pode ser que ache necessário pagar o quanto estiver pagando hoje. Porém, ficará surpreso ao descobrir como suas despesas são realmente flexíveis.

Tente deixar o seu estresse ser o barômetro aqui. Se estiver estressado com as contas mais caras, encontre maneiras de reduzi-las até que tenha (o que acha ser) uma margem confortável entre o que ganha e o que gasta. Mas fique de olho — é possível ir longe demais. Se privar das coisas também é estressante. Vai levar um tempo para encontrar o local certo, e até isso pode mudar. Apenas tente se manter ciente dos seus níveis de estresse, o quanto o seu dinheiro atende o que você quer, e ajuste o plano.

Spoiler: Aceite as suas despesas reais

Não podemos falar sobre obrigações sem avançar até a Regra Dois: Aceite as suas despesas reais. O capítulo 3 oferece um mergulho profundo na Regra Dois. Por enquanto, é suficiente dizer que as suas obrigações vão além das contas mensais e dos serviços essenciais — reconhecer isso foi fundamental para Julie e eu, e será para você. Antes que possa separar dinheiro para outras prioridades, é importante congelar alguns fundos para as obrigações de longo prazo. Pense nas parcelas do seguro do carro, que vão apa-

Regra Um — Dê uma função ao seu dinheiro 51

recer todo mês até a quantia total ser paga, ou nos impostos — que aparecem do nada, *sempre* quando você estava pensando que conseguiria avançar.

A Regra Dois o encoraja a quebrar essas despesas maiores em parcelas mensais, para que esteja preparado para pagá-las quando elas chegarem. Ao fazer isso, os custos grandes não parecem tão grandes, e você nunca é pego de surpresa. Porque sejamos honestos: você sabe qual é a data de vencimento dos impostos, só não pensa neles até que a conta esteja bem na sua frente. E a conta sempre chega em uma época ruim.

Nós chamamos isso de "despesas reais" porque elas capturam quaisquer despesas envolvidas em manter a sua vida funcionando. Quando criar essa lista, pense além das contas programadas e inclua gastos como a manutenção do carro e da casa ou consultas médicas. Essas são, em geral, o tipo de despesas que convence as pessoas que fazer orçamentos não vai funcionar. Elas pensam: "Como posso fazer um orçamento para algo que nem sei quanto vai custar ou quando vai acontecer?!" É verdade, você não sabe das particularidades, mas sabe que esses custos *vão* aparecer — e que não serão baratos. Poupe mais do que zero todo mês e você não se sentirá em uma crise quando elas chegarem. Assim, quando o seu filho de 4 anos cair e abrir o lábio na noite de domingo, o dinheiro gasto nos remédios que ele precisará não vai afetar a poupança que você estava fazendo. E — medo — você não vai precisar pagar com o cartão de crédito com a promessa de que vai pensar naquilo depois. Você separou dinheiro para despesas médicas como

52 NUNCA MAIS FIQUE SEM DINHEIRO

algo essencial, mesmo que elas não sejam um custo mensal. Você está preparado.

Priorizando as prioridades

Se você nunca pagou pelas suas obrigações com segurança, chegar a esse ponto vai fazê-lo se sentir ótimo. Mas é só o começo. Uma vez que o essencial estiver garantido, você pode começar a pensar nas suas prioridades. Ainda está se perguntando *O que eu quero que o dinheiro faça por mim?*, só que agora não está mais no modo sobrevivência e pode fixar objetivos para criar a vida que deseja.

Não se preocupe se não sobrou dinheiro nenhum depois de pagar suas contas. Na verdade, de muitas maneiras, isso é uma coisa boa. Para começar, o seu salário não é mais uma caixa preta. Agora você sabe se está vivendo conforme os seus ganhos e pode tomar decisões conscientes de gastos de acordo com isso. Sua resposta para o *Será que eu posso pagar por isso?* não vai ser mais tão misteriosa, mesmo que você não goste dela. Você será tentado a voltar para a abençoada ignorância, mas tenha calma. Está fazendo progressos apenas ao saber em que pé se encontra, e planejar vai deixá-lo mais próximo do lugar para onde quer ir.

Escreva os seus objetivos de qualidade de vida mesmo que não tenha dinheiro para custeá-los agora. Logo vai ter e, assim que o momento chegar, vai poder investir aquela grana exatamente da maneira que deseja.

Lembre-se: você pode fazer *o que quiser* com o dinheiro depois que pagar por tudo aquilo que for obrigatório. O que

Regra Um — Dê uma função ao seu dinheiro   53

quiser! Sem pressão, hein? É engraçado como podemos não ter problema algum em gastar por um capricho, mas a ideia de discutir um plano significativo para o seu dinheiro pode ser paralisante. Se você está muito ocupado, não pensa duas vezes em pedir comida por telefone. Se uma loja está fazendo uma liquidação, achamos loucura não comprar aquela camisa de $100 que está saindo por $30. Mas decidir pagar a conta do cartão de crédito ou começar um fundo para emergências? Corta para cenas de veados de olhos arregalados encarando faróis altos na estrada.

Não vai ser assim para todo mundo, mas não é incomum travar ao pensar nas suas prioridades. Se estiver se sentindo perdido, pegue algumas dicas com as suas emoções. Como pagar por certas coisas — ou não pagar — o faz se sentir? Não se preocupe, não vou fazer com que você se deite no divã do psicanalista e "fale sobre os seus sentimentos". Mas vale a pena prestar atenção às suas reações emocionais quanto ao dinheiro. Elas podem ser um grande indicador das suas prioridades.

Para Lia e Adam, quitar as dívidas do casamento parecia tão importante que eles colocaram isso na lista de "obrigações". Falando de forma prática, os dois estavam certos — eles são literalmente obrigados a pagar um valor mínimo à companhia de cartão de crédito todo mês. Porém, ver aquela despesa de $10.000 fazia a garganta de Lia se apertar um pouco. Fazia Adam ficar acordado de noite, pensando se os dois conseguiriam pagar por aquela dívida antes que o primeiro filho deles nascesse. Olhando para trás, ambos desejaram ter optado por uma cerimônia mais simples, mas eram jovens e estavam animados (eram um ano inteiro mais jovens do que quando começaram a fazer orçamentos!), e foram seduzidos pela isca das limusines e de um bufê de frutos do mar. Eles amaram o casamento, mas a conta duradoura estava deixando-os doentes. Quitá-la era uma prioridade inegociável para eles.

Coisas estressantes óbvias, como as dívidas do casamento de Lia e Adam, são fáceis, e, se você tem alguma conta de consumo, pode estar se sentindo da mesma maneira. Tenho muito a dizer sobre dívidas nas páginas dos próximos capítulos, mas, por ora, pense apenas nas suas emoções. Imagine como você se sentiria se jogasse uma boa grana nas suas despesas todo mês. Pareceria uma realização? Como se você estivesse se livrando de um peso? Ou você se sentiria estressado sobre outras coisas que não pode realizar porque as contas estão comendo a maior parte do seu salário?

Talvez você odeie as suas dívidas, mas talvez odeie também a ideia de ter que esperar para poupar um pouco para a faculdade do seu filho até que as dívidas estejam liquidadas. O conflito interno pode revelar a sua resposta: separe um pouco para os dois. Pessoalmente, não acredito em economizar para a faculdade (mais sobre isso adiante) e não suporto dever — nem mesmo a minha própria hipoteca — então, em uma velocidade incrível, transformo em prioridade o pagamento de qualquer despesa. Nenhuma abordagem é certa ou errada. Escolha aquela que lhe traz mais paz.

Lembre-se de que fazer orçamentos não é apenas sobre lidar com os encargos. O objetivo maior é ajudá-lo a alcançar a vida que deseja, então também dê prioridade para

Regra Um — Dê uma função ao seu dinheiro   55

coisas que lhe trazem alegria e paz de espírito. O que o faria sentir que está vivendo de forma plena e feliz? Quer viajar? Passar tempo com a família? Melhorar a sua casa? Ou talvez a sua ideia de paz e felicidade seja saber que pode sair para jantar uma vez por semana, sem culpa. Considere por um tempo as coisas que o fazem feliz e as **acrescente ao seu orçamento** — mesmo que sejam apontamentos ambiciosos demais para agora, ainda sem dinheiro disponível para elas.

Truque de prioridade

Eis uma situação provável: você quitou suas dívidas e está feliz ao ver uma graninha extra na sua conta. Se ainda não chegou a esse ponto, logo vai chegar, basta alguns meses seguindo o orçamento.

Ótimo! Enfim você pode começar a investir dinheiro nas coisas que deseja. E tem tantas coisas que deseja. Talvez esteja morrendo de vontade de substituir a velha cerca do quintal e pendurar um balanço. Você adoraria que aquele lugar fosse uma boa área para seus filhos e os amigos deles brincarem. Porém, também quer levá-los em uma viagem. Você adora a sua cidade pequena, mas quer ter certeza de que eles saibam que existe um mundo enorme lá fora para ser descoberto.

O que fazer?

Você *deveria* gastar nas melhorias do quintal ou na viagem?

Pode pagar por uma dessas coisas? Talvez a grana "extra" não seja de fato extra, porque você deveria estar poupando para a aposentadoria ou outro objetivo do qual provavelmente se esqueceu.

Às vezes, identificar quais são as nossas prioridades pode ser algo esmagador, sobretudo se você é novo nisso. A boa notícia é que não há resposta errada — mas você ainda precisa tomar uma decisão.

Se estiver indeciso entre algumas opções, pare e faça um exercício de prioridades. O que é mais importante? Experiências? Viaje. Solidez? Melhore o quintal. Aumentar a poupança? Separe algum dinheiro.

Pode ser que você ainda esteja em dúvida. Pode ser difícil separar a si mesmo do aqui e agora. Então, tente isso: imagine o seu eu futuro tendo cumprido cada um dos itens da lista. O que o faz se sentir melhor? Ver as crianças e os amigos aproveitando o quintal? Passear de bicicleta em Amsterdã com a família? A sensação de segurança ao saber que está ajudando com a faculdade? Ou imagine o seu eu futuro explicando para um bom amigo por que escolheu uma das opções sobre as outras. Isso lhe parece apropriado?

Se ainda não tem certeza, aproveite o fato de que este é um bom problema para se ter. E saiba que vai ficar ainda mais fácil. Fazer orçamentos — e determinar prioridades — é como um músculo que você exercita. Quanto mais o faz, melhor se torna nisso.

Você também vai ficar impressionado com sua habilidade de poupar e de gastar sabiamente para conseguir o que quer o quanto antes. O que certa vez pareceu uma decisão indiscutível se torna uma charada a ser resolvida. Se a visão da sua prioridade revelar que uma gorda poupança para a faculdade, um quintal prazeroso *e* uma viagem em família são igualmente importantes, você encontrará um jeito de fazer cada uma dessas coisas acontecer — talvez até antes do que imagina. Pode ser que compre um balanço que você mesmo possa montar ou até reformar um usado que comprou pela internet, e que saiba estratégias úteis para fazer uma viagem mais barata. O que sobrar vai direto para a faculdade.

A melhor parte é que esta não será a última vez que você vai ter um dinheiro extra. Quanto mais fizer orçamentos, mais vai encontrar dinheiro sobrando. E, cada vez mais, vai ficar melhor em saber o que quer que o dinheiro faça para você.

LIDANDO COM DÍVIDAS

Tenho tanto a dizer sobre dívidas e, ao mesmo tempo, tão pouco. Posso resumir tudo que você precisa saber em duas palavras:

Livre-se delas.

Estou falando mais sobre as dívidas provenientes do consumo, e eis por quê: uma vez que você começa a orçar e focar nas suas prioridades, está fazendo um progresso real em direção aos seus objetivos do agora e do futuro. Já identificou as coisas que são mais importantes e concebeu um plano para obtê-las. Isso é ótimo!

Mas espere. Se você se encontra endividado, uma parte da sua grana já está indisponível. Isso significa que as dívidas estão literalmente roubando a habilidade de custear as suas prioridades atuais.

O pior é que esse tipo de dívida é o resultado de um bando de compras sobre o qual você nem ligava muito. Isso não é verdade para tudo — às vezes, a vida se meteu no seu caminho com uma emergência médica ou outra despesa necessária e inevitável foi a causa do seu endividamento. Mas, boa parte do tempo, a conta do cartão de crédito é o resultado de compras que não tem muito significado para nós. É o acúmulo de almoços dos quais não nos lembramos, novas camisas que não usamos e ingressos de cinema para filmes de que nem gostamos. E essas coisas estão nos impedindo de alcançar os objetivos que determinamos para o nosso presente.

Agora, como qualquer coisa no seu orçamento, suas prioridades vão influenciar o ritmo com que você paga as dívidas. Se não se importa de dividir suas contas em pedacinhos e ir pagando-as devagar (*bem* devagar), pode pedir para financiar a dívida — essas são obrigações inegociáveis — e seguir em frente. Eu odeio dever, então fico um pouco tenso — tudo bem, obsessivo — em relação a quitar quaisquer dívidas assim que possível.

Não vou dizer a você para enlouquecer só para pagar suas dívidas de consumo. Na verdade, isso é decisão sua (se aqueles juros selvagens não o fazem querer pagar as contas para ontem, nada que eu disser fará). Apenas lembre-se de que, quanto mais preso estiver por decisões passadas, menos vai poder investir nas suas prioridades. A única forma de colocar o passado para trás é liquidando aquelas dívidas.

Você é o único que pode tomar essas decisões

Este é o momento em que, na maioria dos livros de finanças, o autor diz para você o que fazer com o dinheiro: pague os cartões de crédito que possuem as taxas mais altas de juros primeiro. Invista nesse tipo de fundo de índice. Poupe para a aposentadoria não importa o quê. Não saia de férias até que tenha quitado todas as dívidas.

Muita gente me pede para dizer a elas o que fazer. Quem pode culpá-las? A vida seria bem mais fácil com um manual de instruções, é verdade, mas não posso fazer isso. Há partes desse negócio que você tem que descobrir sozinho. Tudo bem, fiz um pequeno discurso raivoso sobre pagar suas dívidas há mais ou menos uma página, mas isso é o máximo que vou fazer. Você é o único que sabe o que é certo para você de acordo com as suas prioridades e a sua situação. Prometo que, assim que começar a explorar os seus sentimentos, as decisões que tomar sozinho serão bem mais poderosas do que quaisquer instruções passo a passo que eu possa lhe dar. Isso faz com que o plano seja algo novo e mais fácil de seguir.

Estou especialmente ciente de conselhos financeiros baseado em porcentagens: a casa deve consumir X% do seu salário; a comida, Y%; a aposentadoria, Z%. Só a geografia já faz com que a maior parte dessas generalidades se torne inútil (a faixa de preços dos aluguéis varia de acordo com a localidade). Elas também não contemplam muitas escolhas de vida que são conectadas. Talvez você gaste mais que a "porcentagem recomendada" em aluguel, mas não tenha um carro e vá de bicicleta ao trabalho. *Boom*: seguro au-

60 **NUNCA MAIS FIQUE SEM DINHEIRO**

tomobilístico, pagamentos de parcelas do carro, gasolina e mensalidade da academia não fazem parte do seu orçamento. Esse é apenas um dos motivos para os conselhos "receita de bolo" não funcionarem.

É claro que sempre vou falar para pagar as contas obrigatórias em primeiro lugar. Tenho opiniões bem fortes quanto a coisas como dívidas. E as Quatro Regras são universais para qualquer situação financeira. Mas elas não vão dizer a você o que fazer exatamente com aqueles 20% do seu próximo salário. Os detalhes estão sob sua conta e a vida que você quer levar.

Depois de listar as suas obrigações, inclusive acabar com aquela dívida de casamento assim que possível, Lia e Adam decidiram que essas eram as suas maiores prioridades:

Viajar: Lia é de Nova York e Adam é da Austrália. Eles se conheceram em uma viagem e sempre souberam que viajar seria grande parte da vida que levariam juntos. Decidiram que guardariam com todas as forças no mínimo $3.000 todo ano para visitar a família de Adam em Melbourne. Ele é bem próximo dos pais e irmãos e o pensamento de não poder visitá-los o fazia se sentir miserável. A família também era uma grande prioridade para Lia, e ela dependia dessas viagens para construir uma relação com os sogros. Eles esperam poder economizar mais para que possam visitar um país novo todo ano, mas as altas emoções que envolvem as viagens a Melbourne fazem delas algo inegociável.

Saúde/Exercício: Inclui mensalidades de academia, fundos para que Adam possa comprar novos tênis de cor-

Regra Um — Dê uma função ao seu dinheiro   61

rida a cada poucos meses e outras despesas relacionadas a exercícios. Eles decidiram que esses gastos são inegociáveis, visto que levam o seu bem-estar a sério. Adam também está treinando para uma maratona, e ambos concordam que esse é um objetivo importante que vale a pena custear.

E os fundos de emergência? Falar sobre orçamentos muitas vezes acaba se tornando uma conversa sobre fundos de emergência — mas separar um dinheiro é apenas metade da batalha. Toda a sua grana precisa de uma função. E a paz de espírito de Lia está ligada a ter dinheiro suficiente à mão para cobrir as contas de seis meses caso os dois fiquem desempregados. Adam não está tão preocupado, mas sabe que ela vai ficar estressada sem uma poupança. A maioria das pessoas chama isso de "fundos de emergência", mas não vemos dessa maneira no YNAB. Em vez disso, chamamos de um trabalho específico para o seu dinheiro, assim como as compras do mês ou os jantares românticos. (Também interpretamos esse dinheiro guardado como um amadurecimento do seu dinheiro — sim, a Regra Quatro —, mas vou falar dessa ideia com mais detalhes no capítulo 5.) Por ora, é suficiente saber que Lia e Adam consideraram "juntar dinheiro para *meses futuros*" uma grande prioridade, com o objetivo de ter bastante grana para as contas dos próximos seis meses.

Pagamento da casa: Isso deixa as dívidas do casamento ainda mais difíceis de encarar. Lia e Adam não perceberam o quanto queriam uma casa até que sua cerimônia de casamento teve fim e os dois começaram a sonhar com a vida cotidiana e filhos. Felizmente, o aluguel do apartamento de um quarto deles está abaixo do valor de mercado, então está tudo bem, mas eles estão ansiosos para ter um alpendre e um quintal antes de, bem, antes de o caos e as crianças chegarem.

O orçamento de Lia e Adam também inclui objetivos flexíveis. Eles apertam o gasto nestas coisas conforme o necessário até que as prioridades estejam cobertas:

Aniversários/Feriados: Lia e Adam separam um pouco a cada mês para a compra de presentes para ocasiões especiais (mais dessa estratégia no próximo capítulo). Como esse gasto é bastante ajustável, é uma das primeiras categorias que eles pulam se não tiverem o suficiente para as prioridades.

Restaurantes/Saídas: Este é um objetivo pequeno. Eles se importam muito mais com juntar dinheiro para a viagem a Melbourne e pagar pelo casamento do que pedir sushi por telefone. Gostam de sair com os amigos, mas preferem surfar ou acampar a ir a um bar, então boa parte da diversão deles é gratuita. Quando as prioridades chamam, eles deixam de ir a restaurantes e fazem trilhas para se divertir.

Dinheiro para diversão: Cada um pegou alguns tostões para gastar consigo mesmos, sem julgamentos. Eu recomendo que todos façam isso (mais sobre o assunto na página 158). Isso dá a você a liberdade para se satisfazer com pequenas coisas sem culpa, enquanto se mantém no orçamento.

Roupas: Esta é outra categoria na qual eles gastavam alguma grana e, então, esqueciam-se dela até que estivesse paga. Se uma prioridade maior exigir a sua atenção, você

Regra Um — Dê uma função ao seu dinheiro   63

pode tirar dinheiro daqui, ou de qualquer um dos pequenos objetivos anteriores, para pagar pelos mais importantes.

Lia e Adam ainda estão bem longe de serem andarilhos sem dívidas, mas já conseguem ver um caminho à frente. E é um caminho 100% feito de acordo com o estilo de vida e as prioridades do casal. Quando ficam estressados ao ver a conta do cartão de crédito, se animam ao saber que terão dinheiro suficiente para a viagem a Melbourne em junho. A vida está sob algum controle.

Outros sistemas de orçamento podem chamá-los de idiotas por gastar em viagens quando o cartão de crédito deles está com uma taxa anual de juros de 15% ou que deveriam esquecer a compra da casa até quitarem as dívidas. Você já sabe que tenho obsessão em pagar dívidas, mas não defendo a ideia de sacrificar a sua (verdadeira!) felicidade para isso. Lia e Adam não permaneceriam muito tempo em um plano que os impelisse a ignorar as outras prioridades que, para eles, fazem da vida uma coisa boa. Você deve fazer o que for certo para você, hoje e a longo prazo. Pode ser tentador seguir as instruções de outra pessoa, mas elas não sabem nada sobre a sua vida. Confie em você — você tem o que é preciso para saber o que é melhor para si mesmo.

Uma nova maneira de encarar os seus cartões de crédito

Você vai usar a Regra Um para coisas que comprar agora, mesmo que esteja usando um cartão de crédito. Ah, você achou que somente pagar a conta do cartão de crédito era trabalho da Regra Um? Há mais por trás disso? Se tem uma dívida grande como Lia e Adam, a Regra Um vai fazer com que você separe algum dinheiro para pagar a conta. Porém, você também vai precisar mudar a sua abordagem para novas compras no cartão de crédito para evitar dívidas futuras. Isso é verdade para qualquer um que usa cartões de crédito — quer pague uma parte da fatura ou a conta inteira.

Não se preocupe, não vou mandar você cancelar os seus cartões. Sei que a maioria dos métodos de orçamento encoraja a pessoa a cortá-los no meio. O argumento é que, com as taxas de juros tão altas e a tentação constante de gastar um dinheiro que você não tem, cartões de crédito são a principal razão para que boa parte da população esteja em apuros financeiros.

É justo, mas eu discordo. Cartões de crédito não são o problema — o problema é a forma como os usamos. Você pode usá-los, contanto que seja para gastar o dinheiro que já tem na conta bancária. Dinheiro para o qual você *já fez o orçamento*. Mas tenha calma — isso não significa a mesma coisa que ter o dinheiro para pagar a conta quando ela chegar. Pagar a conta é um bom início, mas se você só tem dinheiro para cobrir o *pagamento total* quando a data de vencimento chegar, há uma chance de que você ainda esteja gastando mais do que tem.

No YNAB, falamos muito sobre o que chamamos de Flutuação do Cartão de Crédito. Se você estiver boiando "conforme a maré" significa que depende do salário do mês que vem para pagar os gastos desse mês. Pode ser difícil detectar a maré, porque a maior parte das pessoas que está presa nesse ciclo são aquelas que se orgulham de pagar a conta total do cartão, mensalmente, até o vencimento. Elas nunca pagam juros e colhem os benefícios que os cartões ofereçam, sejam milhas, um retorno financeiro ou um pônei de graça. Se você é uma dessas pessoas, está em melhor condição financeira que a maioria. Mas vamos dar uma olhada em como esse sistema normalmente funciona.

Digamos que você compre um monte de coisas no cartão em outubro. O período de fechamento da conta é no dia 30 de outubro e a data de vencimento, 30 de novembro. Enquanto isso, você continua comprando coisas em novembro. A conta para os gastos de novembro não vai vencer até dezembro.

Eis aqui um teste: no dia do vencimento de suas compras de outubro você tem o dinheiro para pagar tudo o que gastou? Em outras palavras, você conseguiria pagar pelo que gastou em outubro e por qualquer coisa que gastou em novembro? Ou você teria o dinheiro das compras de novembro apenas em dezembro?

Se você não tem dinheiro suficiente na conta para que possa pagar todos os gastos do cartão de crédito, então está boiando de acordo com a Flutuação do Cartão de Crédito — e este não é o tipo de coisa divertida que você faria em um parque aquático. O diagrama a seguir ajuda a explicar isso:

Usando o cartão de crédito segundo a Regra Um ✓

A Flutuação do Cartão de Crédito em geral paira sem causar dano, porque você recebe o seu salário, quita a dívida por completo e segue em frente. Mas e se o seu pagamento não vier, por alguma razão? Ou se uma grande despesa surgir e tomar boa parte do seu saldo? Você ainda poderia pagar a conta com o dinheiro que tem à mão?

Quer esteja boiando conforme a maré ou enterrado em dívidas do cartão de crédito, a estratégia do YNAB para o uso dos cartões de crédito vai impedi-lo de gastar o dinheiro que você ainda não tem. A abordagem é simples: só faça uma compra se aquele dinheiro já estiver na conta e orçado para aquele gasto. Ao fazer isso, você está usando o cartão de crédito apenas porque *quer* (oba, pontos!), não porque *precisa* (Posso pagar por essa conta assim que o meu próxi-

Regra Um — Dê uma função ao seu dinheiro 67

mo salário bater!). Essencialmente, você está usando o cartão de crédito como um cartão de débito. A única diferença é que a grana permanece na sua conta bancária até que você pague a fatura. E pode pagar a fatura no dia que quiser, porque o dinheiro está sempre lá.

Essa abordagem também assegura que qualquer dívida que você possa ter com o cartão de crédito não vai *aumentar*. O pagamento da fatura do cartão vai ser formado por duas partes, na verdade: o pagamento da dívida mais qualquer coisa que você tenha comprado nesse mês. Se você se preocupa de que isso será confuso, pode usar outro cartão para as suas despesas atuais. Essas serão pagas completamente todo mês. Além disso, considere a ideia de usar dinheiro ou o cartão de débito até que todas as dívidas com o cartão de crédito estejam quitadas. Não use nenhum cartão de crédito para acumular um saldo — apenas foque em acabar com ele.

Arranje mais dinheiro, mas use-o sabiamente

Parece bobo dizer que trazer mais dinheiro para casa vai ajudar a acalmar o seu estresse financeiro — sobretudo se você estiver devendo —, mas isso não é garantido. Depende muito de como você cuida desse ganho extra. Se celebrar o seu aumento esbanjando-o (um apartamento maior, um carro mais caro, mais canais em HD etc.), vai se ver no mesmo lugar de antes. Talvez até pior.

Esta é a maldição de um estilo de vida deformado. Pode ser que você já tenha ouvido essa frase antes. Um estilo de vida deformado consiste no custo do seu estilo de vida aumentar junto com as despesas. Qualquer aumento de ganho é usado para pagar despesas maiores. O maior chavão (provavelmente nós todos dissemos isso em algum momento da vida) é mais ou menos assim: "Estou ganhando um bom dinheiro agora e me sinto tão estressado com a minha situação financeira quanto antes."

O estilo de vida deformado é, na verdade, apenas a revelação de que o seu ganho não está alinhado com as suas prioridades. Sim, tudo tem a ver com as prioridades. Eu penso nisso mais como um *escoamento* de prioridades do que um estilo de vida deformado. Se você está descontente com o seu dinheiro, mesmo após um aumento, é porque provavelmente a sua grana não está alinhada ao que é importante para você.

Então, como combater o estilo de vida deformado? Ou, para colocar em outras palavras, como podemos ter certeza de que o capital está alinhado consistentemente às prioridades? Recomendo duas táticas que podem ser usadas em conjunto:

Questione tudo. Uma vez por ano (gosto de fazer isso em janeiro), questione cada uma das suas despesas. Questione as "obrigatórias" como casa, transporte e seguros. Questione as viagens que sempre faz, os presentes que sempre compra e a comida que sempre come. Cada item deve ser analisado. Seguir a tática de perguntar *por que* seis ou sete vezes e como aquilo se relaciona com cada um dos itens vai ajudá-lo a descascar as camadas da prioridade em questão e a ver o que ela é na verdade.

Regra Um — Dê uma função ao seu dinheiro 69

Isso me lembra do meu amigo Sean. A família dele adorava ir ao cinema. Adoravam a pipoca, o ambiente, o filme, os cheiros, o tempo que passavam juntos — talvez até o chão pegajoso... Conforme Sean falava dessas saídas, eu podia ver que ele de fato as amava. Não poderíamos acabar com um hábito ou uma comodidade. Então, escavamos aquela prioridade ao perguntar *por que* diversas vezes. Por fim, o que a família dele amava de verdade era o tempo que passavam juntos. Então, ajudei-o a criar uma estratégia: havia alguma forma de otimizar o gasto enquanto o tempo em que passavam em família era mantido ou até mesmo melhorado? Sim.

Sean manteve a noite de cinema, mas eles começaram a passá-la em casa. Ainda faziam uma pipoca deliciosa, com aquele cheiro de manteiga preenchendo todo o ambiente, aproveitavam um bom filme e passavam tempo juntos. Ele disse que o tempo em família melhorou de verdade. Eles aproveitavam a companhia um do outro ao preparar as coisas e faziam da noite do filme algo realmente especial.

Entre os ingressos de cinema e a pipoca cara para uma família grande, eles gastavam cerca de $80 por noite. No entanto, a economia não é a parte mais relevante! Como tinham entendido por que a noite de filme era tão importante para eles, começaram a fazer coisas juntos para maximizar o tempo compartilhado. Isso é o que realmente interessa.

Então, questione tudo. Até mesmo pipoca amanteigada. **Comece de novo a cada um ou dois anos.** Falo mais sobre isso no capítulo 9, mas vale a pena mencionar agora.

Às vezes, você precisa deletar o seu orçamento. Se estiver usando o nosso software, pode fazer isso usando a ferramenta "Fresh start", que criamos exatamente para isso. Se estiver usando uma folha de papel, guarde-a e comece uma nova. A ideia é dar início apenas com o saldo da sua conta bancária e, então, aos poucos, acrescentar as despesas uma a uma. Na tática descrita anteriormente, você se perguntava o que poderia ser otimizado ou deixado de lado; com um novo começo, você está se perguntando o que deve incluir. Quando começa sem gastos, cada um deve passar pelo seu escrutínio antes de receber permissão para entrar no orçamento. É uma mudança da regra explicada antes, mas tem um efeito interessante. Em geral, quando pessoas experientes em criar orçamentos fazem isso, elas têm uma grande pilha de dinheiro apenas porque estão fazendo orçamentos há um tempo. Todos dizem que ver a grana na conta e ter que encaminhar cada centavo a uma prioridade os faz sentir um pouco mais o peso daqueles grandes montantes. O exercício os leva a questionar os gastos mais profundamente.

É tentador usar um aumento como uma oportunidade de melhorar o seu estilo de vida e, se deseja isso, vá em frente. Apenas tome cuidado para não falhar com esses novos pagamentos apenas porque o dinheiro apareceu ali de uma hora para a outra. Tenha certeza de que as prioridades estejam sempre guiando as suas decisões.

A TABELA DE PRIORIDADES DO YNAB

Saber o que colocar em primeiro lugar nem sempre vem de forma natural, então, no YNAB, nós o encorajamos a seguir a hierarquia clara da Regra Um:

- Cuide das suas **obrigações imediatas** antes de tudo — um teto sobre a sua cabeça, comida para você e sua família e contas como as de luz e gás, que trazem consequências ruins quando não são pagas. Apenas separar dinheiro para elas e saber que ele está lá vai ajudá-lo a ficar mais seguro e a *se sentir* mais seguro.
- Então, siga para as suas **despesas reais** (mais sobre isso no capítulo 3). Estas são despesas grandes e irregulares que o surpreendem (você sabe como é), mas que, na verdade, não deveriam surpreendê-lo.
- Agora, a diversão começa. Quais são as suas **prioridades** depois das suas obrigações? Passar tempo com a família? Um hobby que é quase uma obsessão? Eu não vou julgar, mas deixe dinheiro para essas coisas logo em seguida.

- Daí, chegamos nas coisas que requerem dinheiro, mas que são **só para diversão**. O céu não vai cair se você deixar de pagá-las por um mês.

  As escolhas ainda são suas, mas seguir essa estrutura pode ajudá-lo a entender o que é importante para você e o que são apenas hábitos dispendiosos que poderiam, com facilidade, serem deixados para trás.

CAPÍTULO 3:
Regra Dois — Aceite as suas despesas reais

Você já encontrou a Regra Dois: Aceite as suas despesas reais. Sabe que ela o encoraja a quebrar grandes contas ao separar dinheiro para elas todo mês. Já disse o suficiente, não?

Mais ou menos. Eis aqui uma característica da Regra Dois: ela tem o poder de transformar por completo a sua situação financeira. Sei que isso parece conversa de comercial de TV, mas continue comigo (porque não é).

A Regra Dois é sobre pensar a longo prazo e agir agora. Ela permite que você controle o que está vindo, para que não fique parado, com um saco vazio nas mãos, no momento em que precisar de grana. *O que está vindo* pode ser qualquer coisa, desde uma conta até um grande objetivo de vida. Pense a longo prazo, aja agora, e você vai ter dinheiro para tudo que quiser.

Introduzi a ideia de "despesas reais" no último capítulo — a noção de que elas não são apenas as suas contas regulares e mensais, necessárias para que a sua vida continue funcionando. Quando falo sobre a Regra Dois, estou focando especificamente nas despesas excepcionais que tendem a nos pegar de surpresa. Porém, para deixar claro, suas despesas reais são *TODAS as suas despesas* — as diárias, as mensais e as irregulares que costumamos esquecer. O conceito de "dívidas reais" nos ajuda a ver que o que em geral pensamos como as nossas despesas não englobam todo o cenário.

A maioria dos nossos gastos com a Regra Dois vão envolver as despesas excepcionais e normalmente recaem sob duas categorias: **previsíveis** e **imprevisíveis, mas inevitáveis.**

Suas despesas **previsíveis** são, bem, previsíveis. Apesar de surpreenderem muita gente, todos sabemos quando é o vencimento delas e quanto elas vão custar. Ou ao menos temos acesso a essa informação se nos preocuparmos em prestar atenção. O imposto do carro ou da casa é um dos maiores culpados aqui. Você conhece a sensação quando aquela conta enorme chega na sua caixa de correio. É sempre a última coisa que você espera e parece que acabou de pagar a conta... ah, espera aí... faz tempo. Muitas vezes, você não tem escolha além de usar o cartão de crédito ou relutantemente fazer um cheque usando um dinheiro que queria gastar em outra coisa.

Regra Dois — Aceite as suas despesas reais

Agora imagine como você se sentiria no dia do vencimento dessas contas sabendo que você economizou um pouquinho a cada mês para pagá-las. Você nem piscaria. Não teria estresse algum em relação a isso. Na verdade, ficaria feliz e orgulhoso por poder pagar pelas dívidas e seguir em frente. Você se lembraria da época em que encarar uma conta era assustador — e essa memória tornaria a sensação ainda melhor.

Outras contas previsíveis não tem um valor fixo, mas ainda sabemos quando elas vão vencer, então podemos nos planejar. Você sabe que as suas compras vão atingir o ápice em dezembro. Sabe que o ar-condicionado vai maltratar a sua conta de luz no verão. Sabe que vai precisar de um bocado de dinheiro para ir de avião até a casa da sua avó no feriado. E conhece o pavor pós-festas de fim de ano que a enorme fatura do cartão de crédito traz. É sempre estressante.

Pode parecer loucura começar a poupar para as compras de Natal em fevereiro, mas pense em como você vai se sentir quando aquele bolo de dinheiro estiver lá quietinho em dezembro, esperando para ser gasto sem culpa e sem estresse. O mesmo vale para qualquer conta que surge em determinada época do ano. O seu Eu do Futuro vai ficar muito orgulhoso por seu Eu do Passado ter pensado adiante e economizado um pouco durante o ano.

As suas contas **imprevisíveis, mas inevitáveis,** por outro lado, são coisas que você sabe que terá que gastar dinheiro em algum momento — só não sabe exatamente quando ou quanto. Elas são um pouco mais aleatórias se

76   NUNCA MAIS FIQUE SEM DINHEIRO

compararmos com as despesas previsíveis, mas não são tão erráticas quanto tendemos a acreditar.

Pense em qualquer situação em que você olhou para a sua conta de cartão de crédito e decidiu que aquela despesa enorme era apenas o resultado de um "mês muito louco". Talvez os lançamentos surpreendentes tenham parecido um pouco com isso: um presente para um casamento a que você compareceu, uma doação para a filha do seu colega de trabalho, um pneu novo depois que você passou perto demais do meio-fio naquela curva para evitar o buraco na rua (os dois apareceram de repente!) e — ah! — um terno feito às pressas para ir a um casamento, porque o seu terno velho estava com o dobro do seu tamanho (a única desvantagem de ter perdido peso). Nenhuma dessas despesas foi irracional ou irresponsável. Algumas delas foram até generosas e gentis! Então, você coloca isso de lado como um mês inusitado e promete que vai fazer melhor no mês que vem.

Próxima fatura do cartão de crédito: materiais para um projeto de feira de ciências, um pagamento, dividido com o plano de saúde, de um exame de raio X depois de ter tropeçado descalço em cima da bicicleta na garagem (nunca vá descalço na garagem), tinta de impressora, que é tão cara que deveria ser ilegal, e uma cirurgia surpresa para a gata da família. Outro mês louco, mas tudo bem. Sério mesmo, mês que vem vai ser melhor. Mês que vem vai ser *regular*.

Você sabe como isso termina. Nunca melhora, porque não existe um "mês muito louco". É só a vida.

Esses gastos-surpresas são o que impedem a maior parte das pessoas de fazer orçamentos. Elas sentem que é impos-

Regra Dois — Aceite as suas despesas reais

sível se planejar para o que não pode ser planejado, então, por que se incomodar? A questão é a seguinte: muitos dos seus gastos-surpresas não são surpresa alguma. Analise a sua vida de um ponto de vista mais amplo. Você sabe que pneus não duram para sempre (separe um dinheiro todo mês para a manutenção do carro). Sabe que sua gata de 15 anos de idade está propensa a ter problemas de saúde (não deixe de poupar para gastos veterinários quando ela estiver saudável também). Sabe que você é um coração mole para qualquer campanha de arrecadação de fundos que envolvam crianças que aparecem no seu Facebook (tenha uma categoria de "doação" no seu orçamento). Esses custos não são recaídas. Sim, são coisas inesperadas no momento em que chegam, mas são inevitáveis, o que significa que você sabe que surgirão em algum ponto. Essas são despesas reais — e você pode se planejar para elas.

Previsíveis ou não, é possível controlar muito bem as despesas reais apenas ao olhar uma fatura antiga do cartão de crédito. Isso pode ser um pouco doloroso, mas valerá a pena ao menos passar os olhos para perceber padrões importantes, como a frequência das suas visitas ao veterinário, as doações à caridade ou outras despesas excepcionais. É também uma boa chance de reforçar as suas prioridades. Se você se encolhe ao ver cada pizza que pediu, use essa frustração como munição para alinhar os gastos com os seus objetivos futuros. Isso não é sobre reviver o passado — você está apenas olhando para ele por tempo suficiente para entender para onde o seu dinheiro foi (e para onde você quer que ele vá).

O retorno da Regra Um

Não posso seguir em frente sem admitir uma coisa: a Regra Dois, na verdade, é a Regra Um. Cada uma das Quatro Regras é simplesmente a Regra Um em situações diferentes. Neste caso, a Regra Dois é apenas a Regra Um para despesas menos frequentes.

Depois que você identificar as suas despesas reais, tudo volta para a Regra Um. Com as suas obrigações imediatas pagas, siga na sua lista de prioridades e determine um objetivo para cada centavo em ordem de importância. Se não souber para o que separar dinheiro primeiro, tente focar nessas contas esporádicas que *sempre* tendem a atormentá-lo, ou os picos de gastos, como feriados, que sempre o colocam para trás, que o fazem se encolher de medo apenas ao olhar para eles. Então, financie as outras coisas conforme puder.

Agora, fique avisado: a Regra Dois tem alguns efeitos colaterais. Um deles, por exemplo, é que você vai ter mais dinheiro. Já que não vai gastar nessas despesas todo mês (embora esteja separando um pouquinho mensalmente), vai acabar com pilhas de dinheiro paradas lá, esperando para serem usadas. É uma coisa linda.

Você logo vai descobrir também que quanto mais paga pelas suas dívidas excepcionais, menos estressado vai ficar. Na verdade, seu estresse financeiro desaparecerá em proporção ao tamanho do montante que conseguir separar para os seus gastos de longo prazo — sobretudo as áreas prioritárias, porque é bom demais economizar dinheiro para fazer uma coisa que é importante para você. (Tenho certeza de que existe alguma teoria científica que prova isso.)

Sonhos grandes, ações pequenas

Outra coisa linda sobre a Regra Dois (existem tantas coisas lindas sobre ela) é lhe dar uma estratégia simples e sólida para alcançar os seus maiores objetivos. Claro, ela ajuda com as despesas, mas lembre-se de que fazer orçamentos é sobre criar a vida que você deseja. A Regra Dois é a sua arma secreta para se aproximar da vida dos seus sonhos.

Quando comecei este capítulo, falei sobre como a Regra Dois pode transformar a sua situação financeira. E é verdade, contanto que você não subestime o poder dela para alcançar *grandes* objetivos. Pense em todas as coisas que gostaria de alcançar, mas que parecem tão distantes. Elas parecem mais fantasias do que objetivos de vida. Seus sonhos não precisam ser épicos para serem transformadores. Repito: talvez o seu desejo seja apenas não se sentir estressado com dinheiro o tempo todo. A Regra Dois é perfeita para isso. Pense em quanto estresse surge das "contas-surpresas" que sempre nos impedem de seguir adiante ou sobre as grandes dívidas que sonhamos em quitar. Se perceber os seus gastos e os seus acúmulos de grana de um ponto de vista mais amplo para essas despesas maiores, o estresse vai desaparecer.

Muitas vezes, comparo a Regra Dois com a ideia de tentar escalar uma montanha alta. Parece assustador — até impossível —, mas, se "quebrarmos" a montanha em colinas menores, nosso batimento cardíaco quase nem registra o esforço. Pequenos momentos de ganho e perda são muito mais fáceis de gerenciar do que os grandes, seja escalando uma montanha ou trabalhando para alcançar um objetivo financeiro.

Uma conta de cartão de crédito gigante pode ter um efeito paralisante. Porém, quebre essa dívida em pequenas parcelas por mês e, de repente, a diferença entre você e o seu sonho de se livrar das dívidas se torna apenas alguns jantares românticos ou um novo par de sapatos a menos, ou uma estratégia de compras revista mensalmente. Cada pequena vitória o aproxima do seu objetivo enquanto você percebe que são as pequenas decisões que contribuem para uma grande diferença.

Eu entendo que você provavelmente quer fazer um monte de coisas. Pode ser amedrontador ver tudo na lista de afazeres do seu dinheiro — das contas aos objetivos — na primeira vez que você se senta para seguir a Regra Dois. Lembre-se de ir com calma e dê a si mesmo um espaço para tomar fôlego. Você está apenas começando a controlar o seu dinheiro. Você não terá grana para tudo. Demora um tempo para acumular dinheiro suficiente até que seja possível economizar um pouco para *todos* os objetivos a cada mês, e talvez você nem precise fazer isso. Assim que se sentir confortável com um certo montante em uma categoria particular (como o veterinário ou o fundo para consertos do carro), pode parar de colocar dinheiro nela. É simples.

Ainda assim, a visão total das suas despesas reais pode parecer uma montanha a ser conquistada — ou até mesmo uma cordilheira. Com tantos objetivos competindo pelo seu dinheiro, pode ser difícil perceber por qual deles começar. Colocar um pouquinho em cada? Investir ferozmente em um só? É aqui que a estratégia se torna tão importante. Como falei antes, comece com as contas ou as despesas que tendem a derrubá-lo quando chegam — tarifas de seguro,

Regra Dois — Aceite as suas despesas reais

aniversários ou feriados, grandes gastos anuais como material escolar ou acampamentos de verão. Se puder custear uma dessas despesas apenas uma vez antes do vencimento, o *momentum* e o sentimento bom vão sustentá-lo até que possa, aos poucos, pagar pelos outros grandes valores. E não se esqueça de que o restante do seu orçamento vai ajudá-lo a liberar dinheiro para fazer com que a quitação das despesas reais seja alcançável.

Lembre-se também de que as suas emoções costumam ser uma boa forma de medir o que deve ser atacado primeiro, e que você tem o poder de ser tão tenaz quanto desejar. Lia e Adam queriam tanto acabar com as dívidas do casamento que pagavam o máximo possível daquela conta todo mês. Se você estiver se sentindo consumido por um objetivo, dedique-se a ele na mesma proporção que ele influencia você — ou não. Julie e eu temos objetivos no nosso orçamento que não têm dinheiro algum separado. São coisas de longo prazo, que gostaríamos de realizar algum dia, mas que ainda não são urgentes o suficiente para atrair o nosso dinheiro. Nosso maior objetivo no momento é uma casa de campo. Adoraríamos economizar para comprar uma, mas temos que pagar a hipoteca antes de começarmos a poupar. Então, colocamos a casa de campo no nosso orçamento como um lembrete de algo para vermos mais adiante.

Qualquer que seja a sua estratégia, saiba que, para cada centavo que você vincula a um objetivo, você está um centavo melhor do que antes. Faça isso de novo. E de novo. E de novo. Antes de perceber, vai ter escalado a montanha sem nem precisar ter parado para recuperar o fôlego.

Este é o seu cérebro na Regra Dois

A Regra Dois faz com que você seja proativo com o seu dinheiro em um nível bem mais profundo do que já experimentou. Ao pensar a longo prazo e agir agora, não está apenas olhando para as suas contas imediatas — mas sim vendo as coisas de um ponto de vista mais amplo, está hiperconsciente de *todas* as suas despesas. Quando você tem esse tipo de clareza, seus custos não vão mais surpreendê-lo. Os extratos bancários podem parecer mais ou menos os mesmos (talvez com menos pizzas, talvez não), mas agora você pode ver como eles refletem o plano geral da sua vida. Esse foco mais afiado também vai influenciar decisões de gastos de curto prazo que afetam os seus objetivos financeiros de longo prazo.

Colocando de forma simples, a Regra Dois controla o seu cérebro. Não se preocupe — isso é uma coisa boa. A maior mudança é no seu comportamento ao gastar. Quando os seus objetivos de longo prazo estão no seu radar, seu saldo bancário não é mais o fator decisivo sobre comprar ou não alguma coisa. A pergunta para de ser: *Será que eu posso pagar por isso?* É provável que você possa *pagar* por um monte de coisas se tiver dinheiro à mão, mas esta não é a questão. Você agora está perguntando a si mesmo: *Isso vai fazer com que eu me aproxime dos meus objetivos?* Você está considerando as ramificações futuras da sua decisão de um jeito bastante concreto, e gastar se torna um verdadeiro ato de considerar as opções: "Se comprar esses sapatos agora, vou demorar mais um mês para alcançar o meu objetivo das férias." Você logo vai ver que, quando observar os seus gastos dessa forma, tomará ótimas decisões!

Regra Dois — Aceite as suas despesas reais 83

Já consideramos as opções sobre compras o tempo todo, ainda que nem sempre notemos isso, porque essas considerações costumam ser vagas e bem inúteis. Pensamos: "Se comprar isso, vou ficar com menos dinheiro. Será que vai ficar tudo bem?" Como você pode saber se vai ficar tudo bem se não tem uma noção real do que aquela diferença significará para você? Nossa motivação nunca dura quando decidimos não gastar porque queremos mais dinheiro. Sempre vamos querer mais dinheiro — é um objetivo inatingível. Acabamos nos sentindo privados, porque estamos nos refreando ao desejar algo que não alcançaremos.

A Regra Dois estabelece os limites das consequências reais. Com ela, você pensa: "Se comprar isso, vou ter menos dinheiro *para aquilo que quero em três meses.*" Essa realidade faz toda a diferença. A consideração não é mais sobre ter menos dinheiro, é sobre não ter algo que você decidiu desejar. Não há sentimento algum de privação. Você está *conseguindo* algo pelo seu sacrifício. Uma coisa que quer de verdade!

Quando essa linha de pensamento se torna normal para você, a mágica acontece. O dinheiro aparece (ao não ser gasto) e você começa a atingir os seus objetivos. A única mudança é que você está trabalhando proativamente para fazer progressos em qualquer direção que quiser, seja quitar o pagamento da casa ou ter um fundo decente de despesas veterinárias, para que esteja preparado quando o gato começar a dar de cara na parede. Sempre que escolher investir o seu dinheiro em uma prioridade de longo prazo, estará literalmente mandando dinheiro para o futuro, preparando o seu Eu do Futuro para o sucesso.

VER É CRER

Matthew Ricci é um gerente de atendimento ao cliente de 29 anos que mora em Nova York com a noiva, Allie. Ele começou a usar o YNAB dois anos atrás para se livrar das dívidas (e conseguiu!). Hoje em dia, as prioridades dele são aumentar ao máximo a sua poupança para a aposentadoria e juntar dinheiro para o que chama de "grandes riscos", como abrir o próprio negócio.

Recentemente, Matt e Allie começaram a fazer um orçamento conjunto para ajudá-los a trabalhar como uma equipe a fim de conciliar as suas vidas. Matt ainda tem um orçamento pessoal — eles planejam juntar as contas bancárias assim que se casarem —, e o orçamento conjunto é para as contas que dividem agora: aluguel, compras, jantares em restaurantes e viagens. Ambos tentaram diversas maneiras diferentes de organizar o seu dinheiro no passado e ficaram desapontados com os resultados, então Allie estava cética em relação ao YNAB. Porém, ela foi em frente porque Matt era um tremendo fã das Quatro Regras. (Certa vez, ele encaminhou um dos nossos e-mails sobre a Regra Quatro para 23 amigos, e você não pode passar mais de dez minutos com esse cara sem ouvir ele falando do orçamento. Isso acontece mesmo, e eu o adoro por isso.)

Matt estava animado com o orçamento conjunto e esperava que o seu entusiasmo fosse contagioso. Quando um convite para um casamento longe de Nova York

Regra Dois — Aceite as suas despesas reais 85

apareceu na caixa de correio deles, ele viu a sua oportunidade de mostrar a Allie como o método YNAB podia ser valioso. Ainda faltavam seis meses para o casamento. Matt estimou que a viagem custaria $1.000, valor que ele quebrou em seis parcelas que os dois colocaram sem alarde no orçamento deles a cada mês. Seis meses depois, Allie e Matt estavam tomando drinques com guarda-chuvinhas na cerimônia dos seus amigos. Eles juntaram o custo total da viagem no orçamento e a grana só estava esperando para ser gasta.

"Eu vi o 'click' nos olhos de Allie", disse Matt. "Ela ficou impressionada com como aquele dinheiro surgiu lá sem dor. Foi um ótimo momento."

Allie talvez nunca seja tão intensa em relação ao YNAB como Matt, mas ela viu o poder da Regra Dois em ação e entrou a bordo.

O nirvana da Regra Dois: sem fundos para emergências

Repito: existem muitas coisas lindas sobre a Regra Dois. Uma das minhas favoritas é o fato de que, quando você realmente a segue, a ideia de um "fundo para emergências" se torna obsoleta. Sei que quase todo guru financeiro vai nos dizer que precisamos ter o montante referente a um certo número de meses de contas guardado em um grande bolo de dinheiro intocável. Mas o dinheiro que você separa na Regra Dois é o seu fundo para emergências. Só que melhor, pois tem um alvo mais claro, é mais proativo e provavelmente vai prepará-lo melhor do que o monte de dinheiro parado no banco sem um propósito específico.

Em outras palavras: ao implementar a Regra Dois, menos coisas parecem "emergências", porque você se planejou para elas (ao menos financeiramente). Não me entenda mal — sempre vai haver lugar para um fundo de emergências do tipo "perdi o emprego". É bom estar preparado para o caso dos seus ganhos pararem de repente. Mas, mesmo nesse caso, não recomendamos ter o dinheiro parado em uma pilha genérica com o rótulo de "emergência". Em vez disso, atribua a grana que você tem para despesas futuras. Se o montante que tem à mão é referente a oito meses de despesas para o seu "fundo para emergências", faça um orçamento das suas despesas reais para os próximos oito meses (lembre-se de que as suas despesas reais são *todas as suas despesas* — as diárias, as mensais e as excepcionais). Se você estiver trabalhando para aumentar as reservas, atribua funções ao seu dinheiro em meses futuros, conforme ele chega. Ou, se está preocupado com perda de ganhos e tem uma poupança para cobri-la, chame-a pelo nome. Pense nela como um fundo para substituição de renda e, então, você nunca vai tocar nesse valor por um impulso espalhafatoso. O *trabalho verdadeiramente importante* que você atribuiu a esse dinheiro — diferente de um fundo de emergências genérico — protege a sua intenção original. Tecnicamente, sua conta bancária vai parecer a mesma, como se aquele dinheiro fosse um fundo de emergências genérico — ele vai ficar lá sem fazer nada como uma grande pilha de dinheiro. Mas o

Regra Dois — Aceite as suas despesas reais 87

seu orçamento vai contar outra história: você vai saber exatamente o que cada centavo vai fazer e por quanto tempo. Mais uma vez, é disso que se trata a Regra Quatro: Amadureça o seu dinheiro. Vou falar mais profundamente desse assunto depois, mas não posso mencionar fundos para emergência na Regra Dois sem dar um spoiler da Regra Quatro. Para resumir: se as suas despesas reais estão sendo pagas com sobra, a sua crise no trabalho vai ser uma crise bem menor porque você não estará vivendo de salário em salário.

Os fundos da Regra Dois também são muito menos propensos a serem atacados, já que eles têm um propósito. É fácil nos imaginarmos arrancando dinheiro de um fundo para emergências genérico quando não sabemos para que mantê-lo. No entanto, quando você sabe que aquele dinheiro é para despesas médicas, será muito mais improvável que o use para pagar por um presente de aniversário. E, se pegar mesmo o dinheiro (ok, você está se sentindo bem e sua mãe vai ficar muito desapontada se não ganhar nada de aniversário), você sabe o quanto vai ter que colocar de volta e por quê. A quantidade de dinheiro é clara.

Chamando todos os trabalhadores com renda variável

A Regra Dois tende a assustar possíveis fazedores de orçamento que não ganham um salário estável. Já trabalhei com milhares de pessoas que se encaixam nessa categoria: freelances, garçons, consultores ou qualquer um que trabalha à base de comissão.

88 NUNCA MAIS FIQUE SEM DINHEIRO

Pessoas com rendas variáveis muitas vezes me falam que a situação delas é única demais para um manual financeiro do tipo receita de bolo. Um orçamento, com todas as funções de longo prazo para o dinheiro, parece algo muito rígido quando os ganhos pingam e flutuam em ritmo errático. Um orçamento parece tão fixo, tão contrário à realidade, que freelances e *qualquer pessoa* cujas rendas mudam de mês a mês evitam fazê-lo de todas as formas — ou desistem assim que a fonte financeira aumenta ou seca. Se você já leu este livro até aqui, sabe que um orçamento é feito para ser flexível. Mas à distância ele pode parecer uma coisa sufocante quando a sua renda é irregular.

No entanto, tudo isso é um grande equívoco. Na verdade, se você vive com uma renda variável, precisa de um orçamento mais do que ninguém. Não porque seja ruim com dinheiro — mas porque há muitas possibilidades de erro quando o seu salário não é previsível. Com certeza, um cliente vai atrasar o pagamento no mês em que uma conta grande vence. Uma despesa incomum vai ser feita e limpará a sua conta bancária em um mês de poucos ganhos. Um projeto vai atrasar. A viagem que você planejou tão meticulosamente vai custar mais do que o esperado. Surpresas financeiras comuns doem muito mais quando você não tem um pagamento estável no qual se segurar. São nesses momentos que o seu orçamento vai salvá-lo.

Outro risco, muitas vezes escondido, quando a sua renda é variável é que é mais fácil enganar a si mesmo ao se sentir rico nos meses em que grandes pagamentos são recebidos. Essas são as épocas em que você respira aliviado e pensa: "As coisas estão ótimas. Por que mesmo eu estava preocupado?" É tentador evitar decisões financeiras importantes e acabar

Regra Dois — Aceite as suas despesas reais

com as chances de estabilizar os seus ganhos nos meses de maior recebimento, quando você sente que tudo está indo tão bem que você merece um novo par de botas.

Isso é normal — a vida com renda variável em geral é vivida em um extremo ou no outro: pânico nos meses em que se ganhou pouco, euforia nos meses em que se ganhou muito. É uma brincadeira de gangorra selvagem (que você mesmo escolheu, porque isso vem com aquilo que ama na sua carreira) que quase nunca permite olhar para as suas finanças com objetividade. É por isso que fazer orçamentos é tão importante. É uma ferramenta que o ajuda a ser consistente com o seu dinheiro quando a sua renda não é nada fixa.

Às vezes, o fato de o orçamento ser mensal faz com que as pessoas que ganham em intervalos diferentes se atrapalhem. Elas sentem que isso não se aplica a elas, mas observar as despesas todo mês é, na verdade, uma grande maneira de manter os seus objetivos e as suas obrigações organizadas. Isso permite que você planeje as suas despesas comuns mensais e se organize para alcançar objetivos maiores. Dar uma olhada nas contas todo mês também vai lhe dar uma visão mais clara da sua situação financeira. Você pode se sentir rico quando aquele pagamento de cinco dígitos bater na sua conta, mas dividi-lo no seu orçamento mensal revelará a verdade.

Talvez você *esteja* rolando em dinheiro, e não vai ter que se preocupar com o assunto pelos próximos seis meses. Isso é ótimo, sobretudo se está acumulando grandes dívidas excepcionais no futuro próximo. Apenas se certifique de que aquele dinheiro "extra" é de fato extra antes de gastar tudo em um cruzeiro quando o custo da matrícula da escola vence em dois me-

90   NUNCA MAIS FIQUE SEM DINHEIRO

ses e o seu próximo pagamento não vai chegar até bem depois disso. Você pode não gostar da verdade, mas é melhor assim.

Fazer orçamentos o força a tomar decisões que, de outra maneira, seriam evitadas quando você acha que está cheio da grana. Você *precisa* dessa objetividade em uma renda variável ou, então, a agonia dos meses de poucos ganhos será bem maior do que a alegria que vem com os grandes pagamentos. Seu dinheiro pode ser uma montanha-russa radical, mas os seus sentimentos sobre ele não precisam ser. O orçamento mantém o seu estado emocional em um curso regular de "se sentindo bem", até que o "se sentindo muito feliz" se torne o novo normal.

O grande debate universitário

Falando em objetivos financeiros de longo prazo, eis aqui um que não está na minha lista: economizar para a universidade. Tenho seis filhos e nenhum deles tem uma poupança para a faculdade. Sério.

Sei que não sou o único pai que *não* está economizando de propósito para a faculdade. Todd, meu amigo e companheiro de equipe do YNAB, também não faz isso, e cada um de nós tem um motivo diferente. No caso da minha família, planejo ajudar os meus filhos a terminar a faculdade sem dever nada não estocando o dinheiro que vai pagar a conta, mas ensinando-os a pagar pelas mensalidades através de uma mistura de bolsas escolares, orçamento e trabalho. Sou extremamente contra empréstimos estudantis, então eles também não fazem parte do plano. Um dos motivos é que

Regra Dois — Aceite as suas despesas reais

odeio dever (como você já sabe), mas também porque penso que isso é um golpe no qual gente jovem, que entende pouco de dinheiro, tende a cair ao pensar que pegar empréstimos de cinco ou, às vezes, seis dígitos é a única maneira de ter uma boa educação. Isso não é verdade, e rouba delas a oportunidade de ter uma década de controle completo e sólido sobre o próprio dinheiro após a faculdade.

A melhor coisa que podemos fazer pelos nossos filhos é mostrar a eles que os empréstimos estudantis não são a única opção (eu digo que empréstimos *nunca* são uma opção!). Trabalhar enquanto se está na faculdade e se inscrever em bolsas escolares são um bom começo. Além disso, ajude-os a ver que as faculdades chiques com mensalidade alta nem sempre valem a pena. Há muitos fatores envolvidos ao se escolher uma instituição de ensino para que eu entre de verdade nesse assunto aqui. Mas o principal é que os seus filhos têm escolhas além dos empréstimos estudantis. Certifique-se de que eles saibam disso.

Também apoio as razões de Todd por não poupar para a faculdade: ele e a esposa, Jessica, preferem gastar com experiências compartilhadas com a família no momento. Nesse ano, eles gastaram uma boa grana para que a família, de cinco pessoas, passasse cinco semanas na França. Na época, os filhos tinham 9, 11 e 13 anos de idade, e eles calcularam que, se tivessem separado o dinheiro para a faculdade, *talvez* seriam capazes de pagar as mensalidades de um dos filhos por um semestre. Esses números não são ruins. Reconheço os méritos de economizar em pequenas quantias (pense a longo prazo e aja no momento, certo?), mas a decisão volta para as escolhas. Quando tiverem que escolher entre poupar um pequeno valor para a futura mensalidade ou ter uma experiência em família que pode mudar suas vidas, Todd e Jessica vão escolher a aventura toda vez.

E não é apenas sobre se aventurar ou fazer escolhas centavo a centavo que apenas um contador conseguiria amar — essas experiências valem algo para Todd e Jessica. Além disso, e se dois dos filhos deles conseguirem bolsas enquanto o outro decide abrir um negócio em vez de ir para a faculdade logo após o colégio? Eles teriam perdido todas as experiências que consideram tão importantes. Então, enquanto não tem um bolo de dinheiro guardado em seu nome, a filha de Todd, Sadie, foi a uma padaria francesa todo dia e comprou pão para a família, sozinha, falando uma língua que estava aprendendo apenas há alguns meses. A família inteira teve a oportunidade de se ver vários dias em um ambiente diferente, com comidas diferentes, modos diferentes de viver a vida e se virar, e expectativas diferentes. Eles puderam observar que o mundo não é igual à cidadezinha de Massachusetts em que moram. A família não teria conseguido ter essa experiência *e* colocar uma boa quantia em uma poupança para a faculdade naquele verão. Assim, eles escolheram, com felicidade, a prioridade para aquele dinheiro.

Uma pessoa pode dar muitos argumentos lógicos contra essa maneira de pensar, mas é isso que Todd e Jessica querem para a sua família — e para o seu dinheiro.

Nenhum conselho enérgico, nem mesmo o meu, vai ajudá-lo com grandes decisões como essa. As Quatro Regras lhe darão uma estrutura para pensar nas opções que tem, mas as escolhas são suas.

REGRA DOIS:
ACEITE AS SUAS DESPESAS REAIS

A maioria de nós não está acostumada a pensar nos gastos como despesas reais, mas, assim que você abraçar essa mentalidade, vai começar a sentir o poder da liberdade financeira. Dificilmente uma conta ou um aumento de gasto será uma surpresa — e você terá o dinheiro para isso.

Lembre-se de que as suas despesas reais recaem sob dois grupos:

As despesas **previsíveis** não são frequentes, mas sabemos quando elas vão chegar e quanto custarão. Há contas como taxas de seguro e imposto anual do carro, mas não se esqueça também dos aumentos de gastos previsíveis: compras de Natal, acampamento de verão, produtos de jardinagem, roupas para o início do ano letivo. Mesmo que não tenham um valor fixo, você pode determinar objetivos de gastos e dividir o valor em custos mensais para juntar dinheiro durante o ano.

As dívidas **imprevisíveis, mas inevitáveis** são aquelas como o conserto do carro, doações feitas por impulso, presentes de casamento e a limpeza do carpete depois que o seu cachorro idoso começa a esquecer de ir para o lado de fora para fazer certas necessidades...

A Regra Dois também é um superpoder para objetivos de vida. Quer começar um negócio, comprar uma motocicleta, fazer um mochilão pela África ou *qualquer outra coisa* que, para você, significa levar uma vida boa? Determine um objetivo, divida-o em valores mensais alcançáveis e comece a ter dinheiro para a vida que você deseja.

CAPÍTULO 4:
Regra Três — Aprenda a levar porrada

Eis aqui um experimento: escreva um plano agora mesmo para o que você vai fazer na próxima sexta, de hora em hora. Quando a sexta chegar, me diga o quão próximo conseguiu acompanhar o plano.

Não precisamos esperar até sexta para saber como vai ser. Você fará mudanças. Terá toda a intenção do mundo de seguir o planejado, como pegar as roupas na lavanderia, mas vai acabar se atrasando, porque teve que ajudar o vizinho a carregar um sofá por três andares de escada. Vai lavar roupas em vez de fazer jardinagem, já que está chovendo. Mesmo que o seu plano envolva ir ao trabalho, um vórtice de e-mails e reuniões pode descarrilhar o seu planejamento (que horas você disse que ia sair do trabalho?). Tudo pode e vai acontecer, porque há uma diferença entre o que você planeja e a vida real.

Isso significa que você não devia fazer nenhum plano? Não, na verdade, a lacuna entre o seu dia *verdadeiro* e o seu dia *planejado* vai depender de como você aborda esse plano. Existe a abordagem não planejada para planejar, em que você apenas segue pensamentos que surgem na hora. Pouca chance de conseguir fazer muita coisa assim. O mesmo vale para o caso de você escrever o plano e, então, esquecer tudo. Você vai passar a próxima sexta fazendo Deus sabe o quê, e, à noite, vai se perguntar o que aconteceu com aquele dia. O que quer que tenha feito foi por um capricho, sem muita relação com o que realmente esperava realizar.

No outro extremo, se estiver obcecado em seguir o plano, com detalhes até para os minutos, não importa as consequências, com certeza vai ficar estressado e infeliz. Mesmo que não veja problemas em observar o seu tempo tão de perto por um dia, logo se sentirá esgotado. E provavelmente não vai ter conseguido realizar nada. Alguma coisa sempre aparece. Você...

... deixa uma caneca cair no chão enquanto está saindo de casa (e não pode cuidar disso depois, porque o gato vai se meter entre os cacos).

... fica preso em uma troca de mensagens com a sua irmã durante o trabalho (você realmente precisa encontrar uma maneira de dar um tempo no celular).

Ou seu melhor amigo liga, em êxtase, e avisa que foi promovido. Será que dá para você encontrá-lo em trinta minutos para celebrarem durante o almoço? (Mas no horário de almoço você não ia na academia?)

Entendeu, não é mesmo? Sabe que não é algo realista microgerenciar o tempo. Entende que o seu dia não vai sair exatamente conforme o esperado e (dependendo do quão ambicioso e cheio de energia for) vai ficar tudo bem com isso. Você também sabe que tem mais chances de alcançar os seus objetivos se tiver *algum* plano, mesmo que ele acabe mudando.

É exatamente assim que deveríamos tratar o nosso orçamento: como um plano flexível.

O problema é que a maioria das pessoas tem dificuldade em ver o orçamento como algo vivo e adaptável. Parece que ele não pode ser alterado, que elas não estão fazendo orçamentos de verdade, que estão trapaceando — mas não poderiam estar mais enganadas.

A Regra Três: Aprenda a levar porrada é sobre ajustar o seu orçamento para permitir que qualquer coisa venha na sua direção. Porque o seu orçamento é um plano que reflete a sua vida, e, como a vida, planos (e orçamentos) mudam.

Deixe-me repetir: não tem problema algum mudar o seu orçamento.

Aliás, apague isso (mudança, certo?). Você *precisa* mudar o seu orçamento se quiser ter alguma chance de continuar a segui-lo.

Vou me explicar: estou correndo atrás de uma nova mentalidade que quero que você tenha. A mudança é tão importante que decidimos dedicar uma regra só para ela. Não é um exagero — na verdade, é uma das maiores razões para as pessoas serem bem-sucedidas no YNAB mesmo que tenham dificuldades com outros orçamentos. A Regra Três

98   NUNCA MAIS FIQUE SEM DINHEIRO

vai salvá-lo enquanto todos os outros aplicativos, especialistas e programas de orçamentos fazem com que você sinta que falhou no momento em que saiu do plano original. Ela é o que tira o seu orçamento da planilha para o mundo real.

Prestação de contas na vida real

Não é culpa sua sentir que mudar o orçamento parece uma derrota. Tantos conselhos que ouvimos sobre se tornar bem-sucedido financeiramente envolvem a ideia da autodisciplina. Supere e tome café apenas em casa. Faça compras "dentro do seu armário". Pare de comer fora. Qualquer mudança no seu orçamento pode fazê-lo sentir que o seu placar de autodisciplina perdeu mais um ponto. Somos levados a acreditar que não vamos ter sucesso se não pudermos ser responsáveis em relação ao nosso orçamento.

Prestar contas é crítico, mas vamos esclarecer o que essa expressão realmente significa. A prestação de contas significa lidar com a verdade de cada decisão tomada. De fato, não dá para ser mais responsável do que quando você faz uma mudança no seu orçamento. (Vá em frente, leia a frase de novo, é importante.) Se você gastou demais comendo fora e precisou pegar dinheiro de outra prioridade, como as férias, você foi responsável. Está vivendo a realidade do que significa gastar mais do que planejou: agora, está mais longe do seu objetivo das férias. Não é uma falha, mas um ato de repriorizar.

Você não é responsável por cada item do seu orçamento. Isso seria como se comprometer com o planejamento de hora a hora que foi escrito na semana passada. Não vai parecer real.

Regra Três — Aprenda a levar porrada 99

Mas você é responsável pela última linha do seu orçamento — ou seja, a diferença entre o seu dinheiro *versus* o que foi gasto. Você pode e deve mudar a grana entre prioridades quando a vida pede (ou obriga!), mas, no final, sabe que tem uma quantia finita de dinheiro. Se gastar mais que o planejado em uma coisa, vai ter que tirar grana de outro objetivo financeiro, porque o dinheiro não existe em qualquer outro lugar (e porque ficar devendo não é uma opção!).

Abordar as coisas de um ponto de vista mais amplo vai mantê-lo fazendo orçamentos e o aproximará dos seus objetivos. Claro, talvez você não possa economizar $500 para as férias nesse mês conforme planejou, da mesma forma que provavelmente não vai conseguir pegar as suas roupas às três da tarde em ponto. Porém, determinar as suas intenções pode ajudá-lo a economizar $300 nesse mês — dinheiro que seria gasto em comida chinesa e no iTunes (duas coisas que você nem gosta tanto assim) se não tivesse tomado o cuidado de criar um plano antes de tudo. Da mesma forma, se não tivesse planejado pegar as suas roupas na lavanderia, o seu blazer ainda estaria pendurado no cabide. São os objetivos que importam. Contanto que continue indo na direção deles, está sendo bem-sucedido.

É normal que qualquer pessoa dedicada a atingir um grande objetivo ajuste o plano conforme segue em frente. Pense no técnico de basquete fazendo substituições durante o intervalo ou a grande mestre de xadrez adaptando a sua abordagem conforme vê como o seu oponente forma a defesa. Ou, para os jogadores de videogame, pense quando está jogando *World of Warcraft* e sua raide não consegue derrotar o chefão, então

NUNCA MAIS FIQUE SEM DINHEIRO

você decide fazer uma cura de três em vez de dois? (Aqueles que não jogam WoW podem apenas ignorar a frase, confiem em mim.) Seria ridículo da nossa parte não esperar adaptações de operadores de grande nível em qualquer situação, mas, quando se trata de adaptar o seu orçamento conforme novas informações, você logo categoriza isso como uma falha.

CENTAVOS SÃO COMO MINUTOS, MINUTOS SÃO COMO CENTAVOS

Ainda está achando que mudar o seu orçamento é trapaça? Aqui vai um jeito de pensar nisso como o tempo: você tem três horas antes do prazo de entrega de um projeto nesse trabalho e uma lista de sete tarefas para completar nesse projeto. Não há como estender o prazo. Esse é o limite final: essas três horas finitas. Então, você cria um plano e começa a completar aquelas últimas sete tarefas. De repente, uma delas demora muito mais do que o esperado. Você ajusta. Não dá para criar mais tempo, então decide ignorar duas tarefas das sete. Completa o restante e entrega o projeto (seus clientes adoraram, por sinal; as duas tarefas cortadas eram apenas frescuras desnecessárias). Você se manteve dentro da responsabilidade de entrega antes do prazo final.

É assim que o seu orçamento funciona. Você trabalha apenas com o dinheiro que já tem, e esse é o seu prazo final. Fazer mudanças quando a vida (ou o projeto de um cliente) pede por isso é esperteza.

Seja honesto consigo mesmo

Junto com a liberdade, a Regra Três traz uma dose saudável de honestidade para o seu orçamento. Não tenha dúvidas, sempre mude o orçamento quando for necessário, mas também fique atento a qualquer padrão que possa estar seguindo. Se estiver sempre reajustando para compensar gastos extras em uma área, é porque não está sendo honesto consigo mesmo quando orça aquele valor em primeiro lugar.

Mudar o orçamento toda hora é como ter um item na sua lista diária de afazeres por um mês inteiro. Você sabe que não vai separar as suas roupas para doação hoje, nem mesmo nessa semana, então ou tira isso da lista, ou reavalia as suas prioridades. De outra forma, essa tarefa vai ficar lá, atrapalhando e fazendo-o se sentir como se nunca estivesse alcançando os seus objetivos.

Talvez você ame gastar $400 por mês em compras para a sua família de cinco pessoas, mas, se gastar mais todo mês, essa quantia não é a sua realidade. Pode significar que você precisa orçar mais dinheiro para as compras a fim de equalizar o valor com as necessidades da sua família. Ou se você está determinado a fazer com que os $400 funcionem, precisa remendar o seu plano de compras. Ou, se decidir comer produtos orgânicos e locais, pode ser que sejam necessários mais do que remendos — mas isso aconteceria porque você fez essa escolha.

Julie e eu gastamos mais que o planejado em compras praticamente todo mês por uma década. Não estou brincando. Em mais de cem meses, *talvez* tenhamos ficado dentro do nosso objetivo umas dez vezes. Sempre determinávamos as compras de supermercado com aquele otimismo de início de mês, dizendo que *daquela vez* seria diferente. Eu, em particular, jurava que só precisávamos de um pouco mais de cupons de desconto ou dar outra olhada nos encartes que conseguiríamos alcançar o nosso objetivo. Eu sabia que Julie poderia fazer isso, porque aquela era a especialidade dela. Nós dois aprendemos a ser bastante moderados quando éramos recém-casados, mas ninguém poderia superar a habilidade de Julie para esticar o dinheiro das compras naqueles dias.

Nossos objetivos de compras são baseados nos nossos padrões preliminares de gastos, além de uma coisinha a mais que surgiu quando as crianças apareceram. Os números funcionaram por anos. Eu não conseguia entender por que *nunca* conseguíamos voltar a atingir o objetivo.

Então, certa noite, durante uma reunião de orçamento, analisamos bastante e descobrimos a verdade: Julie estava cansada de ser a diva dos descontos. Ela se esforçou para esticar o orçamento quando não tínhamos dinheiro ou filhos, mas agora não queria discutir por causa de centavos ou aperfeiçoar o nosso orçamento para comida. Naquela época, a verdadeira vitória era fazer as compras com as crianças sem que o caos irrompesse. Como ela mesma falou: "Não me importo mais com o preço de uma lata de milho." A prioridade dela era apenas ter uma experiência de compras pacífica.

Então, entendi. Levou "apenas" dez anos para descobrirmos a verdade, provavelmente porque eu devo ter sido um idiota por nove desses anos, mas conseguimos entender. Não estávamos mais no mesmo aperto financeiro em que vivíamos quando nos casamos. Tínhamos dinheiro para melhorar os gastos com compras, e era importante para Julie tomar fôlego. Ser honesto quando uma mudança precisa ser feita pode ter um efeito libertador. Assim que começamos a colocar mais dinheiro na categoria de compras, a tensão desapareceu. Nós ainda temos que lidar com a Regra Três o tempo todo — mas agora para surpresas de verdade, não para coisas que juramos que vamos fazer, mas que sabemos que nunca acontecerão.

Vida, valores e prioridades

Aprender a levar porrada nem sempre é sobre ajustar o seu dinheiro quando você gasta demais. Às vezes, a vida nos deixa cegos, e precisamos rearranjar o nosso plano monetário para seguir em frente.

Estou falando do porão que inundou. Do café derramado em cima do seu laptop novinho. Da irmã que liga para dizer que está só a quinze minutos da sua casa... Será que ela poderia passar as próximas duas semanas aí e comer toda a sua comida?

Quanto mais praticar a Regra Dois, mais dinheiro terá para cobrir essas surpresas. Às vezes, no entanto, os golpes são tão grandes e inesperados que acabam descarrilhando todos os seus planos. É aí que você vai começar a espremer dinheiro de qualquer categoria que puder, e talvez sinta lágrimas nos olhos quando pensa em toda a grana que está gastando em um item que nem estava na sua lista de prioridades.

104   NUNCA MAIS FIQUE SEM DINHEIRO

No entanto, eis algo sobre esses grandes golpes: talvez eles não estivessem no seu radar de prioridades, mas, em geral, refletem os seus valores, que são a força motora do seu orçamento. Enquanto as suas prioridades podem mudar bem rápido, seus valores são bem mais resilientes. Às vezes, nem notamos que os nossos valores estão nos guiando. Apenas ficamos com o sentimento de que uma decisão é "a coisa certa a fazer" ou algo simplesmente inegociável.

Sua família pode ser mais importante para você do que qualquer coisa ou qualquer um, então o pedido da sua irmã para que a família dela passe um tempo com você enquanto tiram o mofo da casa deles pode ser uma escolha óbvia. É provável que você não tenha uma categoria da Regra Dois para visitas espontâneas de parentes, mas os seus valores ajudam a tornar a sua irmã uma prioridade. Você vai encontrar uma maneira de espremer dinheiro das outras categorias. De uma hora para a outra, seu orçamento vai parecer bem diferente e fazê-lo funcionar será difícil, mas os valores que guiam o seu novo plano monetário serão os mesmos de antes.

Seus valores podem influenciar até as decisões mais despretensiosas. A porta de garagem de Todd quebrou há pouco tempo. Ficou presa na posição abaixada. No dia anterior ao incidente, substituí-la não era uma prioridade para a família de Todd. No dia seguinte? Estava bem perto do topo do orçamento deles. Mais uma vez, os valores em que o orçamento foi baseado — segurança, uma boa casa, oportunidades de educação e viagens, ficar em boa forma e comer alimentos saudáveis — não mudaram. Mas o orçamento deles, sim.

Regra Três — Aprenda a levar porrada   105

Seus valores também vão ajudá-lo a decidir o quanto você está disposto a se dobrar quando os golpes o atingem. Eles até vão determinar a gravidade do soco. Se o café derramado fritou o seu novo MacBook Pro, isso pode significar um incômodo caro e infeliz caso o computador fosse para uso pessoal. Mas e se você for freelance e precisar dele para fazer o seu trabalho? Nesse caso, *não* substituí-lo significa que você será incapaz de contribuir para os ganhos em casa. De repente, essa é uma decisão inegociável. Talvez o seu próximo computador possa ser mais barato, mas, de qualquer forma, você precisa de um novo, porque valoriza uma vida segura para a sua família. As prioridades mudam. Os valores permanecem intactos.

QUANDO GRANDES OBJETIVOS ENCONTRAM GRANDES GOLPES

Tracy e Dan Kellermeyer usaram o YNAB para atingir alguns objetivos bem grandes. Eles quitaram $50.000 de dívidas e acumularam $25.000 para pagar pelo casamento deles à vista (mais sobre essas aventuras na página 175).

Logo após o casamento, pararam de pagar as dívidas para focar em outro marco enorme: construir um fundo para emergências confortável. Mas não conseguiram poupar por muito tempo. Conseguiram separar $2.000 mensalmente por seis meses quando foram pegos por um dos maiores golpes do seu curto casamento. Em maio de 2016, Tracy foi demitida — apenas sete meses depois de ela e Dan se casarem.

"Fiquei devastada", lembra Tracy. "Aquilo significaria um corte de 40% nos ganhos da casa, mas Dan continuava me assegurando de que ficaríamos bem, porque estávamos preparados."

Eles não estavam preparados por causa do fundo de emergência; estavam tão acostumados a viver com pouco para alcançar os seus objetivos financeiros que nem precisaram tocar naquele dinheiro. "Nós, definitivamente, tivemos que aprender a levar porrada ao ajustar os gastos depois de maio. Também paramos de colocar dinheiro na poupança. Essa combinação nos ajudou a não gastar muito o nosso fundo de emergência, que era enorme. Você trabalhou tanto para acumular aquilo tudo que não quer mesmo gastar o dinheiro!"

Parar com as transferências de $2.000 para a poupança foi a maior mudança que Dan e Tracy fizeram. Eles também cortaram os gastos pessoais pela metade. Daí, cortaram um pouco em outras categorias, como roupas, entretenimento, restaurantes e o orçamento do cachorro, então não sentiram uma diferença chocante. Eles também venderam o carro de Tracy e deram novas prioridades ao dinheiro. Dan trabalhava em casa, então dividir o carro não era um problema, sobretudo porque Tracy não estava mais dirigindo para o escritório. Isso significou que os gastos com seguro de carro e gasolina também foram

Regra Três — Aprenda a levar porrada 107

reduzidos à metade. Tracy começou a fazer compras em brechós quando a necessidade por roupas novas era absoluta, e pegava vestidos da irmã emprestados quando precisava de algo para usar em ocasiões especiais (no passado, em geral, ela teria comprado uma roupa nova). Eles também tiraram vantagens dos pontos dos cartões de créditos e os gastaram para conseguir um dinheiro extra.

A experiência de Tracy e Dan é um lembrete de que quanto mais tempo você fizer orçamentos, menos os socos vão doer quando eles o atingirem. Mesmo os cruzados direto na cara. As Regras Um e Dois vão ensiná-lo a aprender a levar porrada:

A Regra Um faz com que você tenha um grande foco nas prioridades que precisam do seu dinheiro.

Talvez você não tenha um fundo para cobrir uma demissão, mas se estiver usando a Regra Dois por um tempo, é provável que já tenha dinheiro suficiente para pagar por boa parte das suas contas.

Se você não foi tão longe em nenhuma das regras, não se preocupe. Faça o que for necessário para seguir em frente com os golpes e mantenha os orçamentos. Deixe que essa experiência o motive a alcançar os seus objetivos financeiros. Você vai ver que, quando o próximo soco o atingir (e isso vai acontecer), não vai doer tanto. As regras lhe darão uma boa rede de segurança.

Família que planeja junta...

Conheça os Dale. A história financeira deles se estende por tantos momentos deste livro, que você ainda vai ouvir falar bastante a respeito dessa família. Vamos começar com uma visita de $40.000 ao hospital. Você sabe, aquela que eles estão pagando... do próprio bolso.

Em janeiro de 2016, Aspen Dale, de 9 anos, não parecia bem. Ela perdeu quase cinco quilos em algumas semanas e se sentia sempre doente. Depois de uma ida ao pronto-socorro, os pais dela, Jon e Amy, receberam notícias surpreendentes: Aspen tinha diabetes tipo 1.

A vida da família mudou radicalmente depois daquela noite. Do ponto de vista financeiro, eles teriam novas despesas médicas que fariam parte da vida de Aspen para sempre. O plano de saúde reembolsava os gastos, mas a situação exigia que eles pagassem a conta primeiro. Isso significava uma grande demanda nos seus ganhos. Foi um golpe e tanto.

Na primeira vez que Jon foi comprar insulina, gastou $1.000. Insulina, seringas e tiras de teste agora fazem parte das prioridades da lista de compras dos Dale. Cada teste de glicemia capilar custa alguns trocados, e Aspen precisa fazê-los diversas vezes ao dia. Havia também $600 por exames de sangue e os $40.000 que eles deviam pela ida ao pronto-socorro e pelos três dias passados na UTI.

O lado bom: o pronto-socorro e o hospital estavam dispostos a esperar que o plano de saúde os reembolsasse para que eles pudessem pagar a dívida de uma vez só, sem que fosse necessário tirar aquela grana do bolso.

Regra Três — Aprenda a levar porrada 109

O lado melhor: na época em que isso aconteceu, os Dale estavam seguindo as Quatro Regras por anos. Embora não tivessem um fundo para doenças crônicas que apareceram de surpresa, foram capazes de pegar as reservas que acumularam em outras áreas para pagar pelas despesas médicas de Aspen. Foi um ajuste, para ser franco, mas eles conseguiram pagar as contas (menos os $40.000) com o que tinham à mão.

O lado melhor ainda: mesmo Jon sendo freelance, seu principal cliente o tem em um contrato anual. O cliente foi muito solícito e o pagou durante o tempo em que ele se ausentou do trabalho após o diagnóstico de Aspen. O orçamento deles ganhou uma segurança extra. Os Dale já estavam vivendo do salário do mês passado (mais sobre isso no capítulo 5), então não precisavam se preocupar em ter dinheiro para as novas despesas espontâneas. O diagnóstico foi um enorme baque emocional para a família. Ser capaz de permanecer juntos por todos esses ajustes, sem ter que se preocupar com grana, pareceu uma dádiva incrível.

Hoje, o orçamento deles parece bem diferente da época de antes do diagnóstico da menina. Ela agora tem um plano de saúde próprio, que os Dale pagam inteiramente do próprio bolso. Ele dá cobertura total para certas coisas e 70% para outras. Eles gastam mais ou menos $7.000 por ano em despesas médicas, que foram incluídas no orçamento.

Nada podia prepará-los para o diagnóstico surpresa de Aspen e, ainda assim, eles, de alguma forma, conseguiram estar preparados — ao menos do ponto de vista financeiro. Sem o estresse monetário, Jon e Amy podiam focar apenas

110 **NUNCA MAIS FIQUE SEM DINHEIRO**

na filha e nos seus outros três filhos mais velhos. Claro, de repente eles ficaram a anos de distância de atingir alguns objetivos da Regra Dois (que, antes, estavam prestes a ser alcançados), mas, como o incidente da porta da garagem de Todd, o orçamento dos Dale ainda refletia por completo os seus valores. Eles estavam tomando conta da família.

Ah, oi, Regra Um

Você se lembra de quando eu disse que cada uma das Quatro Regras é a Regra Um em situações diferentes? Surpresa. A Regra Três é literalmente a Regra Um — durante o mês todo. Você determina as funções no dia 1º e, então, continua fazendo isso conforme a vida se desdobra. Mesmo em situações extremas, como as despesas médicas de Aspen Dale ou a demissão de Tracy Kellermeyer, a Regra Três é apenas uma questão de olhar para o plano geral de todo o seu dinheiro e perguntar: *O que eu quero que o dinheiro faça por mim?* Daí você começa a movimentá-lo. Pode fazer um novo plano.

Todo esse movimento é a razão de chamarmos a Regra Três de "Aprenda a levar porrada". A analogia original vem do boxe. Quando o seu oponente dá um soco, você terá menos chance de ser atingido se continuar se mexendo. Você precisa se abaixar e desviar, ajustando sempre a sua posição baseado no que vem na sua direção. Mesmo que seja atingido, vai doer bem menos se você se mexer depois de levar aquele soco. Ficar parado aumenta a chance de ser levado a nocaute.

Regra Três — Aprenda a levar porrada

A conexão vai muito além do boxe. Lembro-me bastante de esportes quando penso em orçamentos, em grande parte porque fazer orçamentos não é exatamente uma *coisa*, é uma atividade. Quer esteja evitando socos ou bolando uma tática de jogo, você está sempre criando estratégias, se adaptando e trabalhando para alcançar um grande objetivo. Você não pensaria em ficar parado lá. E, como em qualquer atividade desafiadora, você só vai poder fazer o melhor se cuidar de si mesmo durante o processo. Isso significa ser gentil consigo quando precisar, seguir os seus valores e permanecer focado no plano geral.

Se não permitir que a mudança aconteça, vai desistir. Que outra chance tem quando está segurando uma conta mais cara do que tinha planejado gastar? Você pode aprender a levar porrada e dar um novo trabalho para o seu dinheiro ou decidir que não foi feito para aquele tipo de coisa. Essa última alternativa pode parecer tentadora, mas como você já leu até aqui, suponho que não seja uma pessoa que desista tão fácil.

REGRA TRÊS: APRENDA A LEVAR PORRADA

Repita comigo:
Mudar o meu orçamento não é falhar.
Mudar o meu orçamento não é falhar.

Se você gastou mais do que planejava ou uma conta chegou quando não estava poupando para ela, não se preocupe. Seu orçamento foi feito para refletir a vida real. Quando alguma coisa na sua vida saiu *exatamente* como o planejado? Apenas aprenda a levar porrada e siga em frente.

Lembre-se de que mesmo que você não tenha atingido todos os seus objetivos, vai ver que, provavelmente, o seu orçamento ainda refletirá os seus valores. Então, ainda que aqueles $100 da matrícula na liga infantil de beisebol não estivessem no seu radar, você vai tirar de outros gastos, como roupas ou restaurantes, porque valoriza a diversão ao ar livre para a família. Isso não é falhar — é fazer orçamentos para a vida real.

CAPÍTULO 5:
Regra Quatro — Amadureça o seu dinheiro

Todos nós queremos nos sentir menos estressados com dinheiro. Essa é uma das grandes razões de fazermos orçamentos. Porém, em que momento podemos dizer: "A partir desse dia, meu estresse financeiro acabou"? Como podemos saber quando está tudo bem de verdade, para que possamos relaxar e parar de nos preocuparmos?

Eis aqui uma boa pista: uma enorme pilha de dinheiro parada na sua conta bancária. Ok, estou sendo um pouco atrevido. Mas não estaríamos todos felizes e sem estresse se tivéssemos um saldo bancário bem gordo? Talvez. Um bolo de dinheiro é um bom começo, e uma quantia maior do que a que você tinha antes é ainda melhor, mas os poderes dessa grana dependem de *quanto tempo ela ficou parada ali* — e quanto tempo você espera que continue assim. Se o dinheiro vai sumir no momento em que as próximas contas chegarem, o estresse financeiro que você pensou que tinha desaparecido na verdade está logo ali. Uma conta que chega de surpresa ou um evento importante da vida, e ele logo vai alcançar você. É por isso que ter uma pilha maior de dinheiro do que você tinha antes é importante, mas não é isso que faz a diferença. É por isso também que você não pode julgar o próprio progresso baseado no tamanho da pilha de dinheiro do vizinho. O principal é você ter o suficiente à mão para que não fique em apuros se o próximo salário não bater.

A Regra Quatro: Amadureça o seu dinheiro leva você ao ponto em que não *precisará mais* do próximo salário. Na verdade, se o YNAB o ajuda a dar fim ao estresse financeiro, a Regra Quatro é quando você começa a sentir que o alívio vai durar. Ela o ajuda a guardar dinheiro suficiente para ter uma reserva que cubra as suas contas e os seus gastos por um bom tempo. Quanto tempo? Isso vai depender de você. No entanto, quanto mais velho for o seu dinheiro, mais longe vai ficar o estresse financeiro. Amadureça o seu dinheiro por tempo o bastante e você nem conseguirá mais sentir o estresse.

O que podemos aprender com bandejões de faculdade e fazendeiros

Você conhece uma estação de cereais matinais do bandejão das faculdades americanas? Aquela fila colorida de *dispensers* de cereais era um oásis durante as longas noites de es-

Regra Quatro — Amadureça o seu dinheiro   115

tudo ou quando o estômago dos estudantes não conseguia encarar a carne misteriosa que a cantina servia no jantar.

Se você não faz ideia do que estou falando, pense nos *dispensers* de lugares que vendem nozes ou doces a quilo. Ou até mesmo em um silo de grãos em uma fazenda. Eles funcionam da mesma maneira: quando novos cereais (ou minhocas de goma, ou grãos) são acrescentados, eles são colocados pelo topo e aterrissam sobre o cereal mais velho que já estava ali. Quando você quer um pouco, pega da parte de baixo, e o cereal mais novo começa a descer. O ciclo continua: o mais novo no topo, o mais velho na base.

Se você come cereal mais rápido do que o *dispenser* pode ser preenchido, vai acabar ficando sem. Isso não é um grande problema se você tem outros itens para escolher, mas e se estivermos falando do único silo de grãos de uma fazenda? Se esta for a única fonte de alimento de uma comunidade, vê-la chegar ao fim pode ser um problema.

A melhor maneira de evitar que a comida acabe é pegar menos do que é acrescentado todo dia. Quando isso acontece consistentemente, as reservas se acumulam até o ponto de sobrar. E as sobras de cada dia aos poucos vão alcançando o topo da torre conforme o cereal novo é adicionado.

Você está vivendo no limite se come o cereal que é acrescido no mesmo dia ou até no dia anterior. Isso significa que pode acabar ficando sem ter o que comer se seus suprimentos não forem abastecidos por um dia.

Contudo, se está comendo cereal de dez dias atrás, significa que tem uma zona de dez dias entre o tempo em que

116   NUNCA MAIS FIQUE SEM DINHEIRO

o cereal é acrescentado e o tempo em que você precisa dele (não se preocupe, essas bombas de açúcar com chocolate são tão carregadas de conservantes que vão durar bem mais do que isso). Quanto maior o intervalo entre colocar o cereal e tirá-lo, mais segurança, flexibilidade e opções terá se algo inesperado acontecer. Você quer que o cereal dure o máximo possível antes de consumi-lo.

Quanto mais velho, melhor

Você pode usar a Regra Quatro: Amadureça o seu dinheiro para ajudá-lo a ver quão "velhas" são as suas economias. A "idade" da grana é baseada no intervalo de tempo entre o momento em que você a **ganhou** (entrada de cereal) e quando você a **gastou** (saída de cereal). Se o dinheiro que você gastou na terça-feira foi depositado na segunda, ele tem 1 dia de idade. Se você gastar na sexta o que foi depositado na segunda, então ele tem 5 dias de idade.

A Regra Quatro é mais uma ferramenta do que uma regra, porque não estabelecemos um padrão absoluto para o quão velho deveria ser o seu dinheiro — apenas mais velho. Falamos para as pessoas que de trinta a sessenta dias é um bom objetivo, mas um dia é melhor do que dia nenhum, cinco dias é melhor do que um. Continue trabalhando para aumentar o tempo entre receber o dinheiro e gastá-lo.

Se está devendo, a "idade" do seu dinheiro é, na verdade, negativa. Você gasta o seu salário antes que possa tê-lo, seja através de cartões de crédito ou empréstimos. No entanto, isso não muda a forma como a Regra Quatro funciona — a

Regra Quatro — Amadureça o seu dinheiro   117

estratégia é a mesma. Gaste menos do que ganhou e use a diferença para acabar com as dívidas. Assim que tiver superado esse obstáculo (e você vai conseguir), em vez de colocar aquele dinheiro extra para o pagamento da dívida, você terá o luxo de deixá-lo parado, envelhecendo. Você não está mais pagando pelo que gastou no passado. Agora, está gastando dinheiro no futuro, então ele está lá parado, esperando para ser gasto depois.

Mantenha em mente também que, se você está gastando o dinheiro que ganhou ontem, ou até mesmo nessa semana, está vivendo de salário em salário. Com certeza isso é melhor do que viver devendo, mas, da mesma forma que comer o grão que foi colhido hoje, essa situação não dá muito espaço para lidar com coisas inesperadas. Quando gasta o dinheiro assim que ele entra, basicamente está apagando os incêndios que surgem na sua frente. O objetivo é diminuir a velocidade do ciclo do dinheiro que entra e sai para lhe dar um tempo para tomar fôlego entre o momento em que você ganha o seu dinheiro e quando precisa usá-lo.

Bem-vinda de volta, sanidade

Pode parecer estranho ouvir que você não deve gastar o seu pagamento quando o recebe. Não é assim que o dinheiro funciona para a maioria de nós? A grana entra, pagamos as contas e compramos o que precisamos. Essa é uma realidade para a maior parte das pessoas, e a ideia de *não* precisar do próximo salário parece tão impossível, que poderíamos muito bem desejar ser milionários.

118   **NUNCA MAIS FIQUE SEM DINHEIRO**

No final, é disso que o estresse monetário se trata: o sentimento de que é impossível seguir adiante. Não importa muito se o seu salário é grande ou pequeno. Se o dinheiro voa para dentro e para fora da sua conta tão rápido que você não tem nem chance de respirar, o estresse existe quer você ganhe $1.000 ou $10.000 por mês. Você está preso no ciclo de receber e pagar, receber e pagar. Parece que, se errar um passo na esteira, vai cair de cara no chão.

A base desse estresse está ligada a viver de salário em salário, o que é exatamente o que a Regra Quatro vai ajudá-lo a superar. Gastamos a nossa energia e a nossa sanidade tentando emparelhar pagamentos com os vencimentos das contas. Até enganamos a nós mesmos para pensar que esse tipo de malabarismo estratégico significa que estamos sendo espertos, porque estamos pagando as contas. Porém, se você puder juntar dinheiro para que ele tenha ao menos trinta dias de idade, esse jogo inútil desaparece, pois a grana desse mês já está parada lá, esperando para ser gasta.

Em outras palavras:

Sem a Regra Quatro, você tem uma pilha de contas esperando pelo dinheiro.

Com a Regra Quatro, você tem uma pilha de dinheiro esperando pelas contas.

Gastar dinheiro amadurecido significa muito para a sua saúde e sanidade. Para início de conversa, você vai poder recuperar a estabilidade mental porque não vai gastar tantos neurônios e energia ao fazer malabarismo com as contas. Imagine não ter que esperar pelo próximo salário para poder pagar por certas contas. Imagine poder colo-

Regra Quatro — Amadureça o seu dinheiro 119

cá-las todas em débito automático, sabendo que o dinheiro vai estar lá. É um ótimo sentimento. Você vai conseguir dormir melhor.

O alívio vem quando você não precisa usar o dinheiro de imediato. Isso lhe dá tempo — para tomar decisões, fazer ajustes, corrigir cursos. Quanto mais puder esperar para usar o seu dinheiro, mais controle vai ter sobre ele. Quanto menos puder, mais as circunstâncias vão controlar você. Essa linda dádiva do tempo é especialmente valiosa se você tem uma renda variável. Quando está vivendo com dinheiro envelhecido, não precisa trabalhar para aquele cliente maluco só porque a grana desse mês está um pouco curta. Você tem uma reserva. Quanto mais variável for a sua renda, maior deveria ser a idade do seu dinheiro, para que possa ter um certo conforto nos meses de poucos ganhos.

E não importa qual seja a situação do seu pagamento, amadurecer o dinheiro o ajuda a se livrar dos altos e baixos. Isso dá a você opções sobre como resolver uma falta de dinheiro ou uma emergência. Você ficará aliviado ao saber que as suas despesas estão cobertas por um período de tempo. Será mais criativo e menos reativo, não importa quais desafios financeiros possam surgir.

Coisas maravilhosas acontecem quando você dá um passo atrás

Você já refletiu sobre uma situação e viu que ela era bem mais estressante do que tinha percebido quando ela estava de fato acontecendo? Você passou por ela (de alguma ma-

120 **NUNCA MAIS FIQUE SEM DINHEIRO**

neira), mas, agora que já se distanciou um pouco, pode ver que não era a situação ideal.

Isso costuma acontecer conosco quando saímos em férias das quais precisamos desesperadamente. Às vezes, Julie, as crianças e eu ficamos tão enrolados em um cronograma de atividades e obrigações que não percebemos o quanto estamos estressados. Continuamos a pular de compromisso em compromisso, cair exaustos na cama à noite e fazer o mesmo no dia seguinte.

Só notamos os efeitos verdadeiros da nossa rotina selvagem depois que saímos dela. Quando conseguimos escapar e nos encontramos, por um momento abençoado, sem fazer *nada* além de ver as crianças brincando, pensamos: estamos *cansados*. Caramba, como estamos cansados. Apenas pensar no que ficou para trás nos esgota: a mudança para a casa nova, práticas esportivas, aulas de dança, deveres de casa, tomar conta de um negócio, objetivos do CrossFit (Julie e eu somos um pouco obcecados com isso).

Dar esse passo atrás é uma ajuda e tanto. Isso nos permite ver o plano geral da nossa vida e o que queremos mudar para que ela possa ser melhor administrada. Na última vez que isso aconteceu, voltamos das férias e cancelamos as aulas de dança, pois a nossa filha mais velha falou que não estava mais interessada. Mesmo aos 8 anos, uma pequena distância a ajudou a saber o que priorizar na sua vida. Nós a escutamos. Também voltamos com planos mais simples para as refeições, de forma que não precisávamos quebrar a cabeça para decidir o jantar toda noite. Esses pequenos ajustes nos ajudaram muito.

Regra Quatro — Amadureça o seu dinheiro 121

Outras vezes, a distância nos levou a fazer grandes mudanças: educação à distância por um ano, mudar a minha rotina de trabalho, até mesmo a decisão de irmos morar em uma casa menor.

A Regra Quatro nos dá uma objetividade quando analisamos o nosso dinheiro. Ela dá *tempo* para olhar para o plano geral dos nossos ganhos e ver o que está funcionando e o que não está. Mais uma vez, é esse alívio que vem quando amadurecemos o nosso dinheiro. É quase impossível perceber isso quando se vive de salário em salário — dessa forma, você está apenas sobrevivendo. As Regras de Um a Três com certeza ajudam, mas ter uma visão geral do dinheiro a uma distância traz uma nova camada de entendimento dos hábitos financeiros.

É como pular de atividade em atividade sem ter a chance de perceber o quão cansado está. Você não consegue ver como os seus hábitos o prejudicam. Talvez você fosse mais feliz e descansasse melhor se tirasse algumas coisas da sua rotina. Talvez até melhoraria a sua performance no trabalho, seria mais paciente com os filhos e teria energia para alcançar o seu objetivo na academia se cortasse algumas poucas "obrigações".

Esse é o problema: quando você não tem a objetividade para ver o que está fazendo, não pode ver que mudanças simples tornariam as coisas bem melhores.

Alex Hatzenbuhler, um desenvolvedor de software de 23 anos de Minneapolis, teve essa mesma revelação alguns meses depois de ter começado seu primeiro emprego em tempo integral.

Quando você não sabe em que pé está, não sabe do que é capaz

Na superfície, a história financeira de Alex Hatzenbuhler pode parecer monótona (não se engane). Ele cresceu em uma casa estável do ponto de vista financeiro. Sempre trabalhou durante a faculdade e teve dinheiro suficiente para sair com os amigos, comprar jogos ou fazer viagens para praticar snowboard. Ele usa cartões de crédito desde os 18 anos e sempre pagou a fatura total antes do vencimento. Sem dívidas, sem drama.

Alex se formou um junho de 2015 e na mesma hora conseguiu um emprego como codificador na matriz da Target. Olá, vida adulta! Ele agora tinha uma aposentadoria privada e estava animado para começar a economizar e investir dinheiro além da sua aposentadoria normal. O problema: ele não sabia quanto e nem se poderia se dar ao luxo de poupar ou investir, porque não sabia para onde o seu dinheiro estava indo.

Os quatro cartões de crédito de Alex também ocupavam boa parte do espaço do seu cérebro financeiro naquela época. Mesmo que sempre os tenha usado com responsabilidade, ele se atrapalhava na hora de pagar as contas. "Eu tinha medo de colocar no débito automático", disse ele. "E se o dinheiro não estivesse na conta? E se eu tivesse perdido um detalhe e não tivesse saldo suficiente? Havia sempre um pouco de incerteza." A solução de Alex foi criar um calendário no Google para eventos e lembretes, e, assim, ele pagava manualmente as contas dos cartões de crédito todo mês. Era um malabarismo.

Regra Quatro — Amadureça o seu dinheiro 123

Alex ainda conseguiu economizar 15% do seu salário dos primeiros seis meses. Parece muito bom, mas ele tinha a impressão de que poderia ser ainda melhor. "Comecei a perceber que dinheiro era importante, só que gerenciá-lo era ainda mais importante", comenta Alex. Ele começou a ler mais sobre orçamentos e finanças, e foi quando ouviu falar das regras do YNAB em um fórum do Reddit. Logo ele foi fisgado pelas Quatro Regras.

Um ano depois de receber o primeiro salário, a situação financeira de Alex mudou drasticamente. Os números contam tudo:

Durante os primeiros seis meses em que seguiu as Quatro Regras, Alex economizou 70% do seu salário. Um aumento e tanto dos 15% que economizou nos seis meses anteriores.

Isso não foi um erro de digitação. Ele pulou de uma economia de 15% para 70%. E não fez isso comendo apenas miojo todo dia.

"Olhando para esses números, eles quase me parecem falsos", admite Alex. "Mas a única mudança real que fiz foi pensar nos meus gastos. Antes, nunca tinha considerado o quanto estava gastando em cada coisa. É assustador pensar assim agora, porque não sei em que o meu dinheiro era gasto!"

Alex revisou os seus últimos extratos de cartão de crédito quando começou a seguir o YNAB para ajudar a identificar os seus compromissos da Regra Um. Foi então que descobriu um dos seus maiores fossos monetários: comer fora.

Antes do YNAB, Alex gastava cerca de $450 por mês comendo fora. Isso incluía almoço/café no trabalho e saída com amigos. Essa é uma estimativa baseada nos extratos de apenas três dos seus cartões de crédito.

Depois de seis meses no YNAB, Alex sabe, até os centavos, que seus gastos comendo fora lhe custaram $141,88 por mês (número exato baseado em informações de seis meses).

"Fico impressionado com a diferença entre comer fora algumas vezes por mês e algumas vezes por semana", disse Alex. Depois de perceber isso, ele começou a levar almoço de casa com mais frequência.

Alex também fez ajustes em muitos outros hábitos que o orçamento o ajudou a descobrir, como comprar engenhocas tecnológicas das quais ele não precisava de verdade e gastar muito mais dinheiro em videogames do que admitiria. Isso logo o ajudou a liberar dinheiro para investir e construir uma poupança. No momento em que escrevo isso, Alex está gastando um dinheiro que tem mais de dois meses de idade. Ele cumpriu o seu orçamento de janeiro com o salário que recebeu no meio de novembro. Essa poupança tem um efeito enorme na paz de espírito dele.

"Nunca acho que preciso do meu salário", admite ele. "É claro que ele sempre será bem-vindo, mas não dependo do próximo contracheque para viver, nem mesmo dos próximos quatro contracheques. Mesmo estar apenas um salário à frente tira muito estresse e preocupação do dia a dia."

A reserva financeira de Alex também o ajudou a relaxar em relação aos cartões de crédito. Ele ainda tem os quatro cartões porque cada um deles oferece excelentes prêmios, mas todos agora estão em débito automático. Ele sabe exa-

Regra Quatro — Amadureça o seu dinheiro

tamente quanto gasta e no quê, e o dinheiro está na conta dele esperando pelas faturas. Na verdade, o único momento em que ele pensa sobre os seus cartões agora é quando entra no site deles para recuperar os seus pontos.

O maior benefício veio com o grande progresso que Alex fez no seu objetivo de investir. "Como eu sabia exatamente o que o meu dinheiro estava fazendo, também sabia o quanto poderia economizar ou investir", disse. "Faço um depósito de $100 na minha conta de investimentos toda semana, e sei que posso fazer isso porque tenho um orçamento que visa o futuro. O conhecimento geral vale bem mais do que apenas pequenas partes aqui e ali."

A experiência de Alex é um grande lembrete do poder de dar um passo atrás. Assim que o estresse de viver de salário em salário desapareceu, Alex abriu espaço no cérebro para fazer algumas pequenas mudanças que o levariam a grandes resultados.

Não é apenas para os super-ricos

Eu sei que amadurecer o seu dinheiro pode parecer impossível se você está devendo ou vive de salário em salário. Todo centavo tem a tendência de já ter sido clamado antes mesmo de bater na sua conta bancária. Mas a verdade é que qualquer pessoa pode fazer isso, não importa em que situação financeira esteja.

Se tiver uma intenção séria de amadurecer o seu dinheiro, pode economizar separadamente. Você sabe que gasta 4.000 em um mês típico? Vá poupando aos poucos até che-

126   **NUNCA MAIS FIQUE SEM DINHEIRO**

gar nessa quantia. Quando cumprir esse objetivo, use esse dinheiro no início do mês em vez do seu próximo salário. Pronto: agora, o seu dinheiro tem 30 dias de idade.

Qualquer que seja a sua abordagem, alcançar o objetivo da Regra Quatro se resume a gastar, de maneira consistente, menos dinheiro do que você ganha. Você já ouviu isso antes, eu sei. É como quando falam que dieta e exercícios vão ajudá-lo a perder peso. Mas as duas coisas são verdade. Da mesma maneira que se tornar mais saudável, isso o ajuda a ter uma estrutura formada para chegar lá. No caso, a estrutura são as regras do YNAB.

Amadurecer o seu dinheiro é, na verdade, um efeito colateral de seguir as Regras Um, Dois e Três.

A **Regra Um** o torna mais consciente do que o seu dinheiro está fazendo e o ajuda a parar de gastar com coisas que não são importantes para você. Isso faz com que você entre na pista expressa para gastar menos do que ganha.

A **Regra Dois** tem uma influência enorme na idade da sua grana, porque ela faz com que você poupe para as despesas de longo prazo. Já que o dinheiro não está sendo gasto de imediato, ele fica lá parado e envelhecendo. A Regra Dois também o ajuda a ver que algumas obrigações futuras são mais importantes do que "desejos" atuais. Separar o valor do aluguel do mês que vem em vez de ir almoçar fora durante a semana inteira é adiar o uso do seu dinheiro. Estas pequenas decisões o auxiliam a manter o dinheiro à mão, onde ele pode sentar e amadurecer.

E a **Regra Três** faz com que você faça ajustes e se adapte, o que vai mantê-lo no orçamento por um longo período.

Regra Quatro — Amadureça o seu dinheiro   127

Seu dinheiro não vai ter a chance de amadurecer se você não se mantiver no jogo por um tempo. A Regra Três também mantém a sua responsabilidade como limite — o que o impede de *retroceder*.

Enlouqueça a curto prazo

Existe outra solução para amadurecer o dinheiro rapidamente: a corrida de alta velocidade.

A corrida de alta velocidade é um curto período de tempo em que você toma atitudes extremas para acumular grana extra. Uma vez que tenha conseguido o suficiente para dar conta das despesas de um mês, vai estar oficialmente fora do ciclo de salário em salário. Se esforce para chegar aos limites e, quando achar que não consegue mais, lembre-se de que isso é apenas temporário. No fim da corrida, vai poder desabar na linha de chegada. Não vai conseguir dar mais um passo. Não achamos que você precisa ser capaz de manter essa proposta por muito tempo. É por isso que é uma corrida de alta velocidade. Algumas coisas que você pode tentar:

Arranjar um segundo emprego. Se não puder trabalhar em um escritório porque precisa cuidar das crianças, procure por um trabalho em casa. E então trabalhe enquanto os seus filhos dormem. Hoje em dia existem muitos sites onde você pode encontrar um trabalho em que fique em casa e só precise usar o telefone ou a internet para fazer o serviço.

Pegue trabalhos freelances ou faça tarefas diferentes. Fique de olho em sites que postam trabalhos freelances na

128 **NUNCA MAIS FIQUE SEM DINHEIRO**

sua área. E também seja criativo em relação aos seus talentos para arrumar dinheiro. Você é forte? Se ofereça para fazer mudanças. Sabe costurar? Comece a remendar as roupas de outras pessoas. É habilidoso? Sabe pintar paredes? Consertar computadores? Instalar lustres? Planejar ótimas festas? Muitas vezes, ignoramos os nossos talentos enquanto outras pessoas estão dispostas a pagar um bom dinheiro para fazermos exatamente aquilo que fazemos. Promova os seus serviços nas mídias sociais. Crie um site ou ofereça as suas habilidades em quadros de empregos. Você pode acabar com um pequeno (ou grande) negócio nas mãos.

Venda as suas coisas. Olhe a sua casa. Você precisa mesmo daquele carrinho de bebê agora que a sua filha já é adolescente? Daquela esteira que usa como cabideiro para as suas bolsas? Dê uma boa olhada em armários e porões. Limpe a sua garagem. Garanto que vai encontrar *muita coisa* que não usa. Se não quer se incomodar com vendas de garagem ou na internet, pense em consignar as suas roupas. Venda livros que não quer mais. Venda roupas e brinquedos em lotes para bazares físicos ou mesmo nos bazares on--line organizados pelo Facebook. Você não vai conseguir muito por item, mas é mais rápido, e o tempo economizado para ganhar mais dinheiro pode ser gasto no seu segundo trabalho.

Leve seu objetivo de não gastar ao extremo. Lembre-se de que isso é uma corrida de alta velocidade. Não foi feita para ser permanente. Você consegue fazer qualquer coisa por um curto período de tempo, não é? Sim. Sim, você consegue. Então, enlouqueça e não gaste por um mês. Não

Regra Quatro — Amadureça o seu dinheiro   129

estou falando de reduzir despesas em coisas sobre as quais não liga. Isso é só orçamento. Quero dizer para parar de gastar em coisas que gosta. Acabe com quase tudo durante a sua corrida. Não se contente em não gastar muito com comer fora — elimine comer fora da sua vida. Não vá ao cinema. Acabe com todas as frescuras. Dê uma boa olhada na sua despensa para arranjar a maior parte da comida e gaste apenas nos produtos perecíveis essenciais. Divirta-se de graça: acampe, passeie de bicicleta, faça um piquenique com os tesouros encontrados na cozinha.

Alugue as suas coisas. Pense nas coisas que você tem (que não vendeu) e que outros iriam valorizar. Você tem uma van? Faça mudanças — ou alugue para outros e deixe o trabalho pesado para eles. Se você se sentir confortável com serviços como o Airbnb, alugue a sua casa por um tempo e fique com amigos. Você pode usar as redes sociais para ajudar a alugar praticamente qualquer coisa: ferramentas, bicicletas, carros, vagas de estacionamento, roupas. Dá até para alugar a sua conexão wi-fi. Procure no Google.

Se a corrida de alta velocidade parecer intolerável depois de algumas semanas, é porque você está no ritmo certo. Siga em frente. Você tem um objetivo e pode conquistá-lo. Logo vai voltar para a sua vida normal. E vai valer a pena.

Encontre golpes de sorte inesperados — e então orce, orce, orce

Celia e Cory Benton vivem na Carolina do Norte com os três filhos. Eles vêm usando o YNAB por mais ou menos

130   NUNCA MAIS FIQUE SEM DINHEIRO

um ano e meio e criaram um espaço de segurança de duas semanas nas suas economias quando o terceiro filho estava a caminho. Só isso já ajudou bastante. Antes do YNAB, eles sempre dançaram conforme a música do pagamento--de-contas-sincronizado-com-o-recebimento-de-salário, o que lhes trazia muito estresse e irritação.

O trabalho integral de Cory como gerente de um laboratório de tecnologias cobria a maior parte das despesas. Ele recebia a cada duas semanas e um dos pagamentos era igual ao valor total da hipoteca. O segundo contracheque bancava o restante das dívidas. Isso funciona em teoria, só que, antes do YNAB, muito do que eles gastavam ia para o cartão de crédito e, diversas vezes, eles não sabiam se o próximo salário de Cory conseguiria cobrir a conta do cartão além das outras despesas. Isso significa que, por anos, eles entravam ocasionalmente no cheque especial. Eles queriam muito um descanso daquilo.

A cavalaria era o mês em que havia três pagamentos. Cory recebe sexta-feira sim, sexta-feira não, então, em alguns meses do ano, ele recebe três contracheques. Um terceiro pagamento chegou logo depois de eles começarem a seguir as regras do YNAB, e Celia viu como aquilo os ajudava. Era o fôlego extra que tanto precisavam! No momento em que o salário bateu, ela fez um orçamento para que o dinheiro pagasse a hipoteca do *mês seguinte*. Então, a primeira parte do pagamento que chegou no próximo mês pagou pelo restante das despesas mensais. E, de uma hora para a outra, eles tinham se livrado do ciclo de salário em salário. Enfim, estavam na frente. Eles estão trabalhando para

Regra Quatro — Amadureça o seu dinheiro

amadurecer o dinheiro por mais tempo, mas, por ora, essas duas semanas já fazem uma enorme diferença.

No entanto, um novo desafio surgiu: despesas do parto do próximo filho. Eles precisavam pagar adiantado pelo seguro-saúde de Celia *e* do bebê, além de 20% dos custos do parto em dinheiro. Celia trabalha meio período como tutora e conseguiu pegar umas horas extras para ajudar nas economias. Eles também cortaram gastos, mas era impossível juntar todo o dinheiro a tempo do nascimento. Foi aí que Celia começou a investigar.

"Nós precisávamos de um golpe de sorte para nos ajudar a alcançar o objetivo", conta Celia. "Eu estava dando uma olhada nos benefícios flexíveis do trabalho de Cory quando me lembrei de que existe um programa de prêmios relacionado ao bem-estar físico e mental. Se você consegue bater certas metas, eles depositam um pouco de dinheiro na sua conta de benefícios flexíveis."

Juntos, Celia e Cory bateram cada meta que podiam. Cory recebeu $100 de prêmio por usar um pedômetro e completar uma meta de caminhada. Cada um recebeu $150 por fazer um check-up anual. Também foram premiados com $300 toda vez que participaram de um aconselhamento de bem-estar ao telefone, sobre assuntos como perda de peso e exercícios. E o maior prêmio de todos: $700 quando Celia tirou dez em um curso sobre gravidez. Esse programa se tornou um grande golpe de sorte para eles. Foi um dinheiro que veio de graça, ficou parado lá e foi todo usado para o parto.

Lembre-se de que golpes de sorte não são apenas heranças surpresas ou bônus de final de ano. Eles podem ser qual-

132 **NUNCA MAIS FIQUE SEM DINHEIRO**

quer ganho de dinheiro: a restituição de um imposto, um mês com três contracheques, um benefício empregatício, a chance de pegar umas horas extras no trabalho. A questão central aqui não é sobre o dinheiro extra (lembre-se de que não é sobre o dinheiro!); é sobre tomar uma decisão deliberada quando algo assim acontece. Quer esteja lutando para construir um fundo de segurança ou procurando por meios de pagar por uma despesa grande, são os pequenos ganhos que vão ajudá-lo a seguir em frente se você orçou essas coisas como prioridades.

Regra Quatro — Amadureça o seu dinheiro

REGRA QUATRO:
AMADUREÇA O SEU DINHEIRO

Viver de dinheiro "velho" pode parecer um sonho distante se você estiver no ciclo de salário em salário. Lembre-se de que isso não é um luxo exclusivo dos ricos. Eis algumas coisas que você pode tentar:

- Estabeleça um objetivo de **economizar o que você gasta em um mês normal**. Quando atingir esse objetivo, faça um orçamento para o mês seguinte com esse montante. Agora o seu próximo salário pode ir para o *outro* mês. Seu dinheiro tem oficialmente trinta dias de idade.
- **Abrace a corrida de alta velocidade.** Embarque em um período sem gastar pelo máximo de tempo que conseguir. Também se esforce para ganhar uma grana extra de formas criativas (e dentro da lei). Tudo que conseguir economizar ou ganhar vai direto para as economias do mês que vem.
- **Faça orçamentos com os golpes de sorte para o próximo mês.** Todos nós temos sorte em alguns momentos. Se o seu dinheiro não é tão velho quanto

gostaria, use um golpe de sorte para seguir em frente ao orçá-lo para um mês futuro. O alívio do estresse vai ser muito melhor do que a felicidade temporária que qualquer nova compra pode trazer.

Não se esqueça, qualquer pessoa pode fazer isso — só é necessário estabelecer objetivos e ter determinação e paciência. E vale muito a pena.

CAPÍTULO 6:
Orçando como um casal

Se você já esteve em um relacionamento, sabe como aqueles primeiros grandes momentos podem ser: o primeiro encontro (para Julie e eu, foi dividindo uma entrada em um ótimo restaurante), o primeiro beijo (em um Honda de 30 anos de idade), a primeira briga e a primeira vez em que percebeu que ela não vai deixá-lo por causa disso (Monopoly, 2002). Mas e a primeira conversa sobre dinheiro? Em geral, ela não faz parte das "dez mais" de ninguém. Sejamos honestos — muitas vezes é mais uma situação incômoda e temida do que um marco animador.

Ninguém tem culpa disso — simplesmente há muitas oportunidades para que as coisas deem errado. Você não quer ouvir a pessoa que ama dizer que está atolada em dí-

136   NUNCA MAIS FIQUE SEM DINHEIRO

vidas ou que ela acha que cartões de crédito são uma ótima forma de pagar pelo aluguel quando os pagamentos dos freelas dela estão atrasados. Ou talvez essa pessoa seja *você*, e você sabe que pode fazer melhor, mas se preocupa que a realidade da sua situação financeira vá azedar o lance legal que estão tendo. Além disso, todos já ouvimos as estatísticas sobre como a maioria dos relacionamentos acaba por causa de discordâncias sobre dinheiro. Esse assunto parece um campo minado de desgraças amorosas.

Além de tudo, as pessoas quase nunca conversam sobre amor e dinheiro. Você recebe todo tipo de conselho sobre encontros, casamento e como criar os filhos se estiver nesse ponto da relação. Mas não sobre dinheiro, certo? A maior parte de nós nem sabe como começar a abordar o assunto com o parceiro.

Se planeja passar o resto da vida com alguém, você vai ter que falar sobre dinheiro em algum momento. E não vai ser uma conversa rápida do tipo "arrancar um Band-Aid". Vocês vão sempre aprender sobre as peculiaridades financeiras do outro — os hábitos, os impulsos e os sonhos — durante o curso da vida compartilhada. Vão discutir sobre dinheiro de novo, e de novo, e de novo, então vale a pena tentar ficar confortável com o assunto.

Sendo assim, como tornar indolor algo inevitável? Surpresa — vocês precisam fazer um orçamento compartilhado. Se fazer um orçamento parece ainda *pior* para você do que apenas conversar sobre dinheiro, continue comigo. Isso ajuda de verdade. De uma forma muito básica, é bem mais fácil falar sobre dinheiro através dos filtros de um orçamento. Agora não é mais sobre a sua dívida ou a minha dívida, o meu gasto ou o seu gasto. É sobre como tudo isso funciona *de acordo com o orçamento*. O orçamento é como uma terceira parte neutra que mantém a conversa na realidade, com os pés no chão. Sem um orçamento, nossas inseguranças e nossos equívocos sobre dinheiro matam as chances de termos conversas honestas. O dinheiro também está em constante mudança, sobretudo quando duas pessoas estão envolvidas. Um orçamento faz com que tudo se torne mais visível e menos sujeito a interpretações erradas.

Acima de tudo, um orçamento dá aos dois a estrutura para planejar uma vida juntos e falar sobre as suas esperanças e os seus sonhos dentro de uma elaboração concreta. Vocês não estão mais apenas sonhando juntos — estão trabalhando em um plano de ação realista.

A mecânica de fazer um orçamento compartilhado não é tão diferente de fazer um orçamento sozinho: o novo dinheiro chega, ele ganha novas funções e vocês gastam de acordo com o plano. No entanto, as similaridades acabam por aí. É por isso que dedico um capítulo inteiro a fazer orçamentos compartilhados.

Para começar, não dá para criar um plano para o dinheiro — ou para a vida — sem que ambos estejam de acordo. É nesse ponto que muitos casais dão de cara na parede. Você pode adorar a ideia de um orçamento, enquanto o seu parceiro pode ver isso como uma coisa sufocante. Só a palavra *orçamento* já pode trazer medo e pânico.

Você diz: Amor, acho que temos que começar a fazer um orçamento.

138 **NUNCA MAIS FIQUE SEM DINHEIRO**

Ele escuta: Amor, acho que é hora de eu colocar uma coleira em você e começar a microgerenciar os seus gastos. Você diz: Querida, eu adoraria substituir o velho deque também. Vamos economizar para isso. Ela escuta: Querida, o que a faz pensar que podemos substituir o deque? Você não sabe nada sobre dinheiro. Você diz: Meu bem, não tenho certeza se estamos gastando o nosso dinheiro no que deveríamos. Ele escuta: Meu bem, que tal se contentar com a mesada que dei a você esse mês?

A resistência pode ser ferrenha se o seu parceiro não se considerar o "tipo financeiro". Ele pode ter medo de aprender a verdade sobre o dinheiro dele (ou o seu), ou argumentar que você não precisa de um orçamento já que está vivendo confortavelmente e tem um saldo bancário positivo. Outros estão tão ocupados ganhando uma boa grana de salário que nem querem ser incomodados com os detalhes de um orçamento.

Se tiver dificuldades para convencer o seu parceiro de que fazer orçamentos é importante, tenha certeza de que está sendo bem claro sobre o que diz quando fala "orçamento". Ninguém vai microgerenciar nada ou colocar o outro na coleira. Na verdade, o principal é se sentir livre e poderoso. Fazer um orçamento compartilhado significa que os dois estão trabalhando juntos para alcançar objetivos em comum — não os objetivos que *você tem* para o seu parceiro. Você está pedindo a ele para fazer orçamentos com você porque quer que ele tenha uma voz sobre o que acontece com o dinheiro do casal. E não o contrário.

Orçando como um casal   139

Conheça o seu parceiro monetário

Você conhece muito bem uma pessoa quando passa a morar com ela: seus hábitos, suas extravagâncias, as coisas que a tiram do sério. E, conforme as suas próprias idiossincrasias aparecem, você descobre como elas afetam o seu parceiro. Talvez nunca tenha pensado no fato de que sempre toma banho ouvindo música, que as suas tardes de domingo já são reservadas para o futebol e que gosta de passar a ferro as suas cuecas. Essas coisas pareciam normais até que vocês começaram a morar juntos e você aprendeu que as suas sessões musicais às seis da manhã incomodam a sua parceira, que não precisa acordar até as sete. Mas as coisas se equilibram quando você descobre que ela também considera o futebol sagrado e que não se importa com o que você faz com as suas cuecas.

Existe uma curva de aprendizagem ao unir forças, não importa o quão compatíveis vocês acham que sejam. O mesmo vale para quando começarem a fazer orçamentos juntos. Um orçamento o tornará mais consciente dos seus hábitos financeiros e das suas expectativas, sobretudo na forma como eles afetam o seu parceiro.

Se estão vivendo e orçando juntos, logo verão que há muita sobreposição entre o "aprendendo a viver com você" e o "aprendendo a orçar com você". As consequências disso afetam tudo, desde a temperatura em que você coloca o termostato até os hábitos alimentares. Sua ideia de paz pode envolver liberdade para pedir comida pelo telefone na maior parte das noites, para que você não se preocupe em cozinhar. Seu parceiro talvez possa querer cozinhar todas as noites para relaxar. Não dá para ir muito longe nos planos conjuntos sem ter algumas informações fundamentais sobre o outro.

Quando estamos falando de dinheiro, há três coisas que você precisa saber sobre o seu parceiro, e que ele precisa saber sobre você:

Seus hábitos financeiros. Quais são os seus comportamentos monetários cotidianos? Você transfere dinheiro para a poupança no momento em que o seu salário bate ou economiza apenas se tiver sobrado alguma coisa no fim do mês? É obcecado em encontrar as melhores ofertas quando faz uma compra ou se orgulha de comprar itens de luxo sem desconto? Você planeja fazer o pagamento completo da fatura do cartão ou se contenta em pagar o mínimo mensal?

Suas ideias sobre dinheiro. De maneira geral, como você vê o dinheiro? Se você começa a hiperventilar quando tem menos do que o valor referente a oito meses de despesas na sua conta no banco e o seu parceiro abre uma garrafa de champanhe quando tem o suficiente para pagar o aluguel e uma pizza, vocês precisam ter consciência disso, de preferência o mais rápido possível. Isso não significa que sejam incompatíveis, mas terão que encontrar uma maneira de fazer com que as suas perspectivas diferentes possam coexistir.

Com o que você está contribuindo. Não importa se cada um de vocês está trazendo uma grande pilha de

Orçando como um casal 141

contas ou uma grande pilha de dinheiro para o relacionamento — os dois precisam conversar sobre isso. Como vão lidar com a situação? O que isso significará para o orçamento de vocês? Você vai querer pagar pelos empréstimos estudantis do seu parceiro, colocando-os dentro do orçamento compartilhado? Há infinitas maneiras de abordar infinitas situações. E é importante reconhecer que também há oportunidades sem fim para desentendimentos ou até mesmo vergonha aqui. Mas ser honesto em relação ao seu plano, às suas ideias e aos seus sentimentos é a única forma de seguir adiante, e vocês podem decidir juntos como a realidade vai parecer quando os seus mundos se juntarem.

Há muito a aprender sobre um e o outro conforme você avança gradualmente no orçamento, então vá devagar e seja honesto consigo e com o seu parceiro. É possível aprender o básico em poucas conversas, mas conhecer os hábitos financeiros do outro é uma aventura de longo prazo.

Quando criações financeiras diferentes se juntam

Nossa abordagem individual sobre dinheiro às vezes é causada pela forma com que fomos criados. Você pode ficar chocado ao aprender sobre o passado financeiro do seu parceiro, ou animado ao perceber que compartilham de uma experiência similar. Qualquer que seja a situação, é possível encontrar uma maneira de coexistir uma vez que

142 NUNCA MAIS FIQUE SEM DINHEIRO

souber como cada um está contribuindo — desde o valor das contas até os hábitos.

Os pais de Laura eram operários que emigraram da Sicília e que acreditavam ser muito importante ensinar aos filhos "o valor do dinheiro". Com um empurrãozinho deles, Laura conseguiu o primeiro emprego, ao qual ela ia depois da escola, em uma loja de cortinas local, aos 15 anos. Quando recebeu o primeiro pagamento, a mãe dela imediatamente abriu uma conta bancária conjunta com a filha, além de criar um cartão de crédito para as duas. O saldo bancário de Laura era o seu primeiro salário: $185.

Então, a lição começou: É assim que você completa um cheque para pagar o cartão de crédito. É assim que você subtrai o valor do seu extrato. É aqui que você olha para perceber exatamente quanto dinheiro tem para gastar (ou economizar).

Quando Laura tinha 15 anos, saber do seu saldo bancário significava apenas se ela podia ou não pagar pelo novo CD do Pearl Jam. Os riscos não eram altos — tirando a sua quedinha pelo Eddie Vedder —, mas ela continuou com a sua abordagem prática de gastos durante a idade adulta, fase da vida em que isso teve uma grande influência ao ajudá-la a tomar boas decisões financeiras quando era de fato importante.

Enquanto Laura crescia, sua mãe convenientemente se esqueceu de contar a ela que pagar menos do que o valor total do cartão de crédito era uma opção. Laura foi ensinada que, se você não tivesse dinheiro para pagar a conta, não podia usar o cartão. Ela pensava que aquele era apenas outro fato da vida (e, bem, ela tinha razão). Um dia, Laura acabou per-

Orçando como um casal 143

cebendo que acumular débito era tecnicamente uma opção, mas, àquela altura, a ideia parecia absurda. Ela preferia muito mais a abordagem só-gaste-se-você-tiver. Era mais fácil. Na verdade, a criação de Laura é algo raro. Muitas pessoas crescem em casas em que o dinheiro nunca é discutido — sobretudo com as crianças. O marido de Laura, Owen, lembra-se dos olhares feios que recebeu quando perguntou aos pais se eles eram ricos, pobres ou de classe média. Ele ouviu aqueles termos no telejornal e percebeu que não sabia onde a sua família se encaixava. Eles viviam em uma casa confortável e ele nunca tinha visto os pais pensarem duas vezes antes de fazer uma compra. Mas o menino não fazia ideia se eles estavam rolando em dinheiro ou afogados em dívidas. Mesmo agora, aos 25 anos, ele ainda não sabe.

Owen recebeu o seu primeiro cartão de crédito na faculdade ao responder a uma oferta pelo correio. Ele adorava poder comprar o que quisesse quando quisesse, precisando pagar apenas o mínimo da fatura. "Isso que é liberdade financeira!", pensou. Na época de se formar, ele já devia milhares de dólares. Para a sua sorte, a enorme dívida o assustou a ponto de Owen parar de usar o cartão.

Quando decidiu pedir Laura em casamento, Owen ainda devia $7.000 de cartão de crédito — e estava com medo de contar a ela. Ele notara como Laura era pragmática em relação aos seus gastos. Tinha a impressão de que ela não entenderia os seus dias despreocupados de maratonas no cinema e rodízios de pizza com os amigos de dormitório. Mas ele sentia que não podia pedir para ela se casar com ele sem contar a verdade. Não seria justo.

Revelar a verdade para ela não foi tão assustador quanto Owen pensou. Ela explicou que a maioria das amigas dela usava os seus cartões de crédito todo dia e ela sempre se perguntou como conseguiam pagar a conta. A resposta para a maior parte delas era não pagar. Em vez de julgá-lo, Laura viu o pagamento daquela dívida como um desafio a ser resolvido. *Como conseguir $7.000 razoavelmente rápido?* Ela pensou no Honda de oito anos que ele herdou dos avós. Ele costumava dirigir até o campus, mas agora que os dois viviam em Nova York, o carro ficava parado na garagem da casa dos pais dele em New Hampshire. E se Owen vendesse o carro para quitar a dívida?

Ele concordou. Tinha colocado tanta energia em se preocupar com o que Laura pensaria sobre a dívida que nem teve a clareza mental para considerar que poderia quitá-la. Quase nunca usava o carro. Quando eles quisessem viajar para fora da cidade nos fins de semana, poderiam alugar um sem problema. Ele vendeu o Honda por $6.000 e na mesma hora usou o dinheiro para pagar parte da dívida. O que faltava, $1000, parecia muito mais fácil de gerenciar. E, além disso, ele podia focar em economizar para a aliança.

Não importa o quão ruim a sua situação financeira pareça, force a si mesmo a ser honesto com a sua parceira. Nunca se sabe — ela pode estar tão preocupada em compartilhar a própria situação financeira quanto você. Se o relacionamento for forte, é bem provável que a sua parceira ofereça apoio, mesmo que seja apenas para ajudá-lo a ver a situação de forma mais clara. E você pode fazer o mesmo. Lembre-se de que vocês estão juntos nessa.

Orçando como um casal 145

Seu primeiro encontro orçamentário

Você se lembra do primeiro encontro que vocês tiveram? Os dois se comportando da melhor forma possível, fazendo perguntas um ao outro sobre as suas esperanças e os seus sonhos. Ouvindo de verdade, sem olhar para o celular enquanto a outra pessoa falava (é claro que vocês fazem isso agora também).

Seu primeiro orçamento compartilhado deve começar da mesma maneira — com o seu primeiro encontro orçamentário. Conforme vocês forem pegando o gosto por fazer orçamentos, todo mês vão se reunir para dar uma olhada nos números (nós ainda gostamos de pensar neles como encontros, porém). Mas, para começar, seu primeiro encontro não deve envolver número algum. Apenas foque naquilo que, no YNAB, gostamos de chamar de Regra Zero.

A Regra Zero é o processo de decidir o que é mais importante para vocês. Isso é fundamental em orçamentos. Não dá para ir muito longe na Regra Um sem ter uma boa ideia do que você valoriza.

Vocês podem usar o primeiro encontro orçamentário para explorar a Regra Zero de três formas: o que é mais importante para você individualmente, o que é mais importante para o seu parceiro e o que vocês valorizam juntos como um casal. Essas coisas vão evoluir nas suas prioridades orçamentárias, porque, quando você está fazendo orçamentos como um casal, o orçamento compartilhado terá três níveis de prioridade: o *seu*, o *meu* e o *nosso*.

A única maneira de revelar todas essas prioridades é conversando. Pense grande. Seja franco. Divida as suas esperanças e preocupações. Essas conversas acabam parecendo bastante com as do primeiro encontro, só que agora você não tem que se preocupar tanto se está assustando muito a outra pessoa. É provável que a sua parceira já saiba que você é fissurado em colecionar brinquedos do Star Wars, e se ela permaneceu com você mesmo assim, não vai ficar surpresa quando você disser que é uma prioridade sua separar um dinheiro para a sua coleção. O verdadeiro amor prevalecerá.

Mais uma vez, vocês não vão aprender tudo em uma única conversa, então use o primeiro encontro orçamentário para identificar algumas prioridades mais amplas, sejam individuais ou em casal. Você quer alugar uma mesa em um espaço de coworking para terminar o seu livro? Sua parceira quer investir em aulas de informática para que possa dar uma guinada na carreira? Os dois querem economizar para comprar uma casa? Ter uma boa poupança para o bebê que está a caminho? Fazer uma viagem para Fiji? Esqueça os números e use esse tempo para discutir sobre como vocês desejam que a vida a dois seja.

Não se preocupe se demorar um pouco para pegar o jeito. Falar sobre dinheiro não é fácil. Apenas dê a si mesmo um bom tempo e pratique bastante.

Navegando entre o seu, o meu e o nosso

Seu. Meu. Nosso. Não é possível avançar muito em orçamentos compartilhados sem perceber que esses três níveis de prioridade existem — e sem falar abertamente sobre eles.

Não importa o quanto o seu relacionamento é sólido. Presunções vão atrapalhar se ambos não forem claros um com o outro sobre o que é importante para cada um individualmente, e quais objetivos compartilham como um casal. É fácil demais presumir que as *suas* prioridades são as mesmas que as *minhas*. Ou que as *nossas* prioridades são sempre mais importantes que as *minhas*. Essas presunções silenciosas são o que tornam os orçamentos compartilhados estressantes, quando não há necessidade alguma de ser assim.

A chave para manter as suas prioridades claras e o seu orçamento livre de estresse é a comunicação.

Às vezes, é difícil até mesmo decidir se uma prioridade é só sua ou é de ambos. Se for algo que vai fazer com que você fique mais feliz, saudável e bem-sucedido, não daria para argumentar que isso beneficiaria os dois? Ou até a toda a família, no caso de terem filhos? Você pode fazer dessa uma prioridade conjunta e não há nada de errado sobre isso, contanto que ambos concordem que ela seja uma. Porém, essa abordagem pode fazer com que vocês fiquem com um número enorme de prioridades conjuntas enchendo o seu orçamento.

Recomendo baixar as prioridades a um número pequeno de coisas — por volta de uma para cada um de vocês e duas conjuntas. É provável que você tenha mais prioridades do que isso. No entanto, faça um esforço para mirar na sua única prioridade pessoal e egoísta. Então, deem um ao outro mais liberdade para gastar nessa prioridade. Assim, talvez a poupança do bebê e a viagem a Fiji se tornem prioridades conjuntas, e o espaço de coworking seja apenas sua.

148 NUNCA MAIS FIQUE SEM DINHEIRO

Enquanto isso, as aulas de informática da sua parceira são prioridade dela. Pode ser que vocês decidam que o pagamento da casa é uma prioridade conjunta, mas concordem em não colocar dinheiro nisso enquanto outras coisas tiverem precedência. Não importa como vão resolver esses detalhes, contanto que estejam decidindo juntos.

Meu amigo Todd e a sua esposa, Jessica, têm feito orçamentos por um tempo considerável, então os seus encontros orçamentários já acontecem de maneira espontânea. Um assunto que surge bastante nas conversas (e na implicância de Jessica) é que uma das maiores prioridades pessoais de Todd é correr. Ele é um corredor fanático e precisa orçar uma boa quantidade de dinheiro para coisas como equipamentos, massagens e viagens para participar de maratonas. Quando Jessica começou o seu próprio negócio, viagens, conferências e cursos se tornaram novas prioridades pessoais para ela. É importante para ela investir tempo e dinheiro no desenvolvimento das suas habilidades e sua rede de contatos profissionais a fim de aumentar o negócio.

Todd poderia ter argumentado que as suas despesas de corrida são uma prioridade conjunta, já que correr o mantém são e faz com que ele seja um melhor marido e pai (e ele acredita mesmo nisso). Jessica também poderia ter dito que aumentar o seu negócio a tornaria uma esposa e mãe melhor. Então, estes são objetivos compartilhados? Em um sentido, sim, mas Todd e Jessica decidiram colocá-los como prioridades individuais. Jessica acha loucura gastar tanto dinheiro em tênis de corrida, mas confia em Todd. E Todd não saberia qual a melhor forma de começar a in-

Orçando como um casal 149

vestir no negócio de Jessica, mas confia nela. Então, os dois deixam essas decisões nas mãos do outro e focam nos esforços compartilhados para alcançar outros objetivos. Eles adorariam fazer uma obra no banheiro do andar de cima e levar os filhos para outra grande viagem de férias. Isso funciona para todo mundo: Todd tem liberdade para gastar em corridas, Jessica, no seu negócio, e ambos estão felizes por priorizarem as economias para viagens e reformas na casa. E se comprometem com outros objetivos menos importantes quando é necessário. Não havia uma maneira certa de resolver as prioridades — eles apenas tinham que se sentar e decidirem juntos.

As duas grandes prioridades que Julie e eu compartilhamos são férias em família e jantares fora durante a semana. Nós amamos viajar com as crianças, então nos esforçamos para economizar ao menos para fazer uma viagem por ano. Também somos rigorosos sobre o nosso jantar fora semanal, que inclui a conta de uma babá para cuidar dos nossos seis filhos. (Uma vez, tentamos fazer com que Porter, de 12 anos, ficasse de babá, mas ele acabou dando ordens aos irmãos a torto e a direito. Estamos contando com Lydia, de 8 anos, quando ela tiver idade suficiente para fazer isso. Ela vai arrasar.)

Às vezes, jantamos em um restaurante muito bom. Amamos comer fora, e como Julie é uma excelente cozinheira, não vale a pena sair de casa a não ser que seja para comer algo diferente do que ela faria. Em outras situações, o nosso "jantar fora" é só um passeio sem as crianças no supermercado. Tem alguma coisa especial em ser capaz de dar uma olhada nas prateleiras e comer amostras grátis sem crianças no fundo gritando sobre doces orgânicos em formato de coelho. Ou somos só nós?

Uma das prioridades pessoais de Julie é ter uma boa mobília. Se dependesse de mim, eu encheria a casa com móveis da Ikea e esqueceria o assunto. Julie é o contrário. Ela quer amar cada peça do mobiliário que temos. Ela preferiria ter um quarto vazio a um cheio de móveis que ela não ama de paixão. Uma pessoa poderia dizer que mobília é uma despesa compartilhada, exatamente como as reformas de Todd e Jessica, e, em muitos sentidos, é sim. Julie e eu decidimos fazer disso uma prioridade pessoal dela para que ela possa ter controle total da mobília que compramos. Também investimos bem mais nessa categoria do que faríamos se essa fosse uma despesa compartilhada.

Por um bom tempo, minha prioridade pessoal foi o Model S da Tesla que comprei no ano passado. Economizei por anos e sei que deixei Julie maluca ao falar o tempo todo sobre o assunto. Acho que ela ficou aliviada quando compramos o carro, apenas porque não precisaria mais me ouvir falando obsessivamente sobre ele. Ela não se importa nem um pouco com os automóveis que dirigimos, então, contanto que fosse um veículo grande o suficiente para toda a família, comprar um Tesla era a minha prioridade. Agora que conquistei o meu objetivo, minha nova prioridade pessoal é um equipamento de esqui.

Sem dúvida, vocês vão aprender novas coisas sobre o outro assim que começarem a seguir a ideia de "as *suas*, as *minhas* e as *nossas* prioridades". Também ficarão surpresos

Orçando como um casal 151

ao descobrir o quanto é libertador saber que os seus objetivos pessoais — das responsabilidades até as peculiaridades — têm um lugar firme no plano de vida conjunto de vocês.

Uma pilha de dinheiro compartilhada

Enfatizo a importância do *seu*, do *meu* e do *nosso* quando falo sobre procurar as prioridades de vocês, mas o exato oposto é verdadeiro quando falo sobre procurar — e localizar — o dinheiro de vocês. No YNAB, encorajamos casais a manter todo o dinheiro em uma única conta conjunta. O mesmo vale para cartões de crédito. Tenham apenas um ou, se preferirem que cada um tenha seu próprio histórico de gastos, limitem os cartões a um por pessoa.

Não estou dizendo que vocês estão errados se contas separadas funcionam muito bem para os dois. Como em qualquer coisa do orçamento, vocês decidem o que é melhor. Apenas encorajamos uma conta conjunta por causa da praticidade. É bem mais fácil gerenciar o dinheiro quando há menos coisas em movimento. Quatro cartões de crédito são mais difíceis de gerenciar do que um, mesmo que você esteja perfeitamente dentro do seu orçamento. E todo esse gerenciamento deteriora a capacidade de tomar decisões importantes e, muitas vezes, leva à fadiga. Em vez de falar sobre objetivos e aspirações, vocês ficam parados, balbuciando sobre o mecanismo de onde o dinheiro vem, para onde segue e assim vai.

Deixando os detalhes técnicos de lado, contas conjuntas também os impedem de se preocupar com quem ganhou qual dinheiro. Vocês estão comprometidos a serem parcei-

152   NUNCA MAIS FIQUE SEM DINHEIRO

ros para toda a vida. Não importa quem ganhou o quê. É uma única montanha de dinheiro compartilhada que está custeando a vida de vocês. Mantenham isso em mente e apoiem um ao outro na jornada.

LIDANDO COM O ESTRESSE DO SEU, DO MEU E DO NOSSO

Você conheceu Celia e Cory Benton no capítulo 5. Pouco depois de a estratégia de poupar para sair do ciclo de salário em salário, eles se sentaram para reavaliar as suas prioridades. Estavam prosperando com o orçamento, mas Cory sempre evitava falar dos números e, ao mesmo tempo, Celia precisava falar sobre aquilo para se sentir confiante. A conversa deles se tornou um desabafo honesto sobre como cada um queria que a sua vida parecesse. Enquanto as prioridades de um eram bem diferentes das do outro, todas compartilhavam o mesmo tema: Celia e Cory queriam que o orçamento deles diminuísse o estresse de ambos.

A prioridade compartilhada deles era o pagamento das dívidas. Eles concordaram que ficariam mais calmos se soubessem que estavam progredindo consistentemente nessa questão. Feito.

A maior prioridade de Cory era não ter que lidar mais com o orçamento. Sério. Ele sofre de ansiedade e depressão e falar sobre dinheiro só aumenta seu estresse. Celia comanda o orçamento e sabe que o marido não gosta

Orçando como um casal

de discutir o assunto (foi por isso que ela sugeriu que ambos checassem as suas prioridades), mas não percebia o quanto falar de dinheiro o incomodava. Saber que, na verdade, *não precisar falar sobre aquilo* era, em si, uma prioridade foi de grande ajuda para Celia. Com a prioridade compartilhada de pagar pelas dívidas intacta, ela sabia que qualquer outra decisão da Regra Um que tomasse seria justa.

"Como uma troca por não ter que lidar com o orçamento, Cory concorda com qualquer decisão financeira que eu tome", disse Celia. "Ele vai entender se não tiver muito dinheiro para fazer algumas coisas. Se não pudermos pagar para comer fora por um mês, ele sabe que é porque outras prioridades precisavam de capital. Isso funciona para a gente. Ele está mais calmo, e não preciso mais me estressar sobre o que ele poderia pensar de alguma decisão financeira. Ele fica mais feliz quando não pergunto a ele."

Para Celia, sua prioridade para reduzir o estresse é ter alguém para ajudá-la a limpar a casa. Cory concordou, e agora a limpeza da casa faz parte da seção de despesas do orçamento deles. "Concordamos que, quando eu faço o orçamento, a categoria de limpeza da casa vem antes de qualquer coisa não essencial. Infelizmente, ainda não conseguimos o suficiente para a nossa primeira faxina, mas só de saber que é uma prioridade dentro do orçamento já é um alívio para mim. Me sinto tão bem quando coloco dinheiro nesse objetivo."

Mantenha os seus encontros orçamentários mensais

Tudo bem, então vocês precisam se sentar e dar uma olhada nos números em algum momento. Eu prometo que não precisa ser uma sessão dolorosa de quem-gastou-quanto e no-que--você-estava-pensando. Essa é a última coisa que isso deve ser.

Vocês têm que fazer com que esses encontros sejam um espaço seguro, em que é possível falar abertamente, escutar o parceiro e firmar compromissos. Sim, vocês estão fazendo cálculos, mas lembre-se de que isso na verdade é sobre se manter nos trilhos para atingir os objetivos que os dois estabeleceram. Mantenham o clima tranquilo ao tratar a sua conferência mensal como um encontro (e *não* como uma reunião). Se enrolem no sofá com o iPad. Levem chocolate. Se encontrem em uma cafeteria e conversem sobre como estão indo durante a sobremesa.

Sei que isso parece fácil de falar, mas difícil de colocar em prática. E é verdade: suas conversas financeiras não serão agradáveis e honestas só porque eu estou dizendo que deveriam ser. A única forma de capturar esse clima durante o seu encontro é fazer com que o orçamento seja parte da vida de vocês. Se ambos estiverem motivados pelos seus objetivos, verão que isso acontecerá naturalmente.

Talvez os dois só precisem checar a vida financeira uma vez ao mês, mas compartilhar um orçamento vai avivar as suas conversas e o seu comportamento o tempo todo. Às vezes, você reconhecerá isso logo de cara, quando disser coisas para o seu parceiro como: "Ah, eu bem que podia ir a um restaurante japonês hoje. Mas prefiro usar esse dinheiro

Orçando como um casal   155

para ajudar a pagar a viagem do mês que vem." Ou quando fizerem uma lista estratégica de compras juntos para que possam continuar dentro do objetivo mensal. Outras vezes, será algo não dito, como quando os dois param, de olhos esbugalhados, na frente das televisões à venda na loja de eletrodomésticos (quase sempre logo na entrada). Vocês param por um segundo, então continuam andando, porque ambos sabem que a sua TV "não smart" está boa, e preferem usar aquele dinheiro na nova geladeira para a qual estão economizando (a apenas alguns corredores de distância). Vocês estão executando suas estratégias em cada uma dessas interações diárias. E, como em qualquer equipe, se tornarão mais fortes quanto mais se conectarem ao plano conjunto. Pense nisso: um piloto e um controlador de tráfego aéreo podem concordar em certas decisões enquanto o avião está recebendo os passageiros, mas eles também precisam se comunicar enquanto o avião está no ar, para que possam fazer ajustes, se necessário. Da mesma forma, vocês não podem esperar que o seu orçamento funcione se só falam sobre ele uma vez por mês. Vocês precisam se comunicar enquanto as suas decisões financeiras se revelam.

Se estão em contato com o seu orçamento todos os dias, suas conversas mensais serão relativamente fáceis, ou talvez até pareçam exagero. Meia hora deve ser o bastante para recapitular o mês passado e estabelecer um plano para o seguinte. Quanto mais fizerem isso, melhor vai ficar. Depois de alguns meses, as conversas sobre orçamentos talvez durem dez ou quinze minutos (mas esperamos que a parte de *encontro* delas dure bem mais).

Deixem que as Quatro Regras guiem as sessões. Se vocês estão começando agora, definam as prioridades (depois do encontro da Regra Zero) e então sigam para a **Regra Um.** Juntos, deem uma função para cada centavo — assim, ambos vão saber dos seus alvos naquele mês. Pode ser que, nos primeiros meses, vocês estejam estimando algumas categorias de gasto, como gasolina ou compras. Tudo bem! Quanto mais orçarem juntos, mais realista será a visão do quanto gastam. Em pouco tempo, os encontros mensais se tornarão sessões de estratégia para alcançar os seus objetivos.

Naturalmente, vocês vão acabar se desviando para a **Regra Dois** conforme determinam prioridades e dão funções ao dinheiro. Estabeleçam objetivos de economizar a longo prazo e sejam honestos um com o outro. Se o seu parceiro quer pagar pelo empréstimo que fez para comprar o carro, mas você está mais concentrado em poupar para aquela viagem tão necessária, conversem. Lembrem-se dos três tipos de prioridade (as suas, as minhas, as nossas) e explorem como algumas presunções não verbalizadas podem estar causando o atrito.

Além disso, mantenham na cabeça que as prioridades mudam. Talvez a sua parceira estivesse animada para economizar para aquela viagem quando os dois começaram a fazer orçamentos, mas ver os gastos reais durante dois meses a fez mudar de ideia. Agora, ela está mais preocupada em acabar com as dívidas para liberar dinheiro futuro. Você nunca saberia disso se ela não contasse para você. E talvez ela não tivesse falado se não sentisse que o encontro mensal de vocês é um espaço aberto e sem julgamentos em que é possível compartilhar as preocupações.

Orçando como um casal 157

A **Regra Três** vai aparecer nos seus encontros orçamentários mensais, mas o verdadeiro lugar dela é no dia a dia. É a conversa: "Ai, estouramos o nosso orçamento para compras e ainda é dia 17!" A conversa: "Sei que falamos que não gastaríamos em roupas nesse mês, mas tenho um jantar com o CEO e as minhas melhores calças não cabem mais." A conversa: "Como pudemos nos esquecer de fazer um orçamento para o aniversário da sua mãe?" Vocês vão aprender a levar porrada conforme revisam os objetivos na sua conferência mensal, mas a Regra Três nunca foi pensada para ser falada apenas uma vez por mês. Se um dos dois notar que saiu do curso ou que a vida não está de acordo com o orçamento, parem por um momento e decidam juntos como vão superar isso — não importa em qual dia do mês.

A **Regra Quatro** é uma grande ferramenta para medir quão bem vocês estão indo. Você pode checar a idade do seu dinheiro apenas ao verificar como fala sobre pagamentos futuros. Vai saber que o seu dinheiro não é nem um pouco velho — talvez a idade dele seja até negativa — se precisa esperar pelo próximo salário para equalizar o orçamento. Essas conversas podem parecer mais ou menos assim:

"Quando o seu/meu próximo salário bater, vamos poder...

... fazer o orçamento do resto do mês.

... colocar mais dinheiro na categoria que gastamos demais.

... pagar as contas que vão vencer na semana que vem."

Se vocês são assim, não se preocupem. O fato de estarem orçando juntos vai fazer com que saiam do ciclo de salário em salário e também os ajudará a construir uma poupança

NUNCA MAIS FIQUE SEM DINHEIRO

mais velha de dinheiro. Apenas continuem a investir nos seus objetivos.

Conforme o dinheiro amadurece, vocês vão observar que sua visão sobre pagamentos futuros vai mudar por completo. Não vão mais precisar contar os dias até que o contracheque chegue para resgatá-los. Agora, vocês têm escolhas. E podem fazer o que quiserem com o dinheiro! Separar grana para os próximos meses, se isso os faz feliz. Investir em grandes categorias de poupança para atingir aqueles objetivos mais rapidamente. Vocês têm tempo e liberdade — use-os para conversar mais. Os encontros orçamentários vão se parecer menos com um momento para criar estratégias a fim de igualar tudo no final e mais sobre ver os seus sonhos de vida se desdobrando.

O poder do dinheiro de diversão pessoal

Há um equívoco de que fazer orçamentos é sobre restringir a si mesmo. Que seguir um orçamento significa parar de comer fora. Nada mais de fazer passeios calmantes em shopping centers. A essa altura, você já sabe que isso não é verdade, que é importante orçar para as coisas que trazem felicidade a você.

O mesmo vale para quando estiver fazendo orçamentos com o seu parceiro, mas encorajamos casais que vão entrar nessa a terem um "dinheiro de diversão pessoal" para cada um, sem que o outro faça perguntas. Ainda queremos que vocês tenham as suas categorias que trazem felicidade — comer fora, comprar, o que seja. Mas o "dinheiro de diversão pessoal" é um pouco diferente. Nesse caso, nenhum dos dois tem que responder ao outro o que fez com a grana. Se decidir fazer garças de origami com as notas e jogá-las precipício abaixo, a decisão é sua. Vocês ainda estão orçando juntos mesmo quando você faz isso, porque os dois estão de acordo com quanto "dinheiro para diversão" cada um vai receber. O resto é por sua conta. É mais ou menos como fazer orçamentos para aquelas compras por impulso que mencionei antes. Mesmo que o gasto tenha sido feito por um capricho, ainda assim, ele foi planejado.

Orçar dinheiro de diversão é bem parecido com se esforçar para ser supereficiente com o seu tempo no trabalho, mas também se permitir alguns minutos para ficar olhando pela janela. Há valor nisso também.

Não importa o quanto o seu orçamento for pequeno. Quando Julie e eu começamos, cada um de nós tinha literalmente $5 na nossa categoria de dinheiro de diversão, mas, ainda assim, fez uma enorme diferença. Havia algo especial em ter a liberdade para fazer *o que você quisesse* com o dinheiro que tornava os piores dias do orçamento mais toleráveis. Fazemos isso até hoje (fico feliz em dizer que contamos com mais que $5 agora) e nunca vamos parar.

Façam isso. Sim, estabeleçam os seus objetivos e corram atrás deles, mas mantenham um espaço para as garças de origami. Aquele impulso de tomar um milk-shake mesmo quando o dinheiro para comer fora já acabou. O olhar perdido pela janela quando você tem muito a fazer.

ORÇANDO COMO UM CASAL

Garanto que fazer orçamentos compartilhados não é tão assustador quanto parece. Mantenha essas dicas em mente, e o amor — e o orçamento — continuarão vivos:

- Quando começar a orçar, conheça os hábitos financeiros do outro, suas ideias sobre dinheiro e o que cada um está trazendo para o acordo.
- Estabeleça encontros orçamentários regulares e mantenha-os divertidos (você pode até colocá-los no orçamento). É provável que a conversa sobre dinheiro não vá durar, então também use esse tempo para discutir os objetivos da vida que desejam ter juntos.
- Veja quais são as *suas*, as *minhas* e as *nossas* prioridades, além de algum dinheiro de diversão sem perguntas para cada um de vocês.
- Façam uma conta conjunta e combinem os cartões de crédito se possível — isso significa perder menos tempo fazendo malabarismos com as despesas e, assim, mais tempo para focar em tomar grandes decisões juntos.

CAPÍTULO 7:
Acabe com as dívidas em qualquer situação

Passei todo este livro sendo bem razoável. À essa altura, você já sabe que não vou lhe dizer o que fazer com o seu dinheiro. Suas prioridades são só suas, e as Quatro Regras foram feitas para ajudá-lo a ver com mais clareza o que quer e como conseguir. Nunca vou julgar as suas decisões de gastos, contanto que você tenha o dinheiro para gastar. Coleiras de cachorro com diamantes, drones dignos da Nasa, qualquer coisa. Se isso deixa você feliz e o dinheiro para comprar essas coisas está separado, vá em frente.

No entanto, admito que perco a paciência quando o assunto é dívida. Tudo bem — entendo que pode ser uma loucura. É a única vez que *vou* lhe dizer o que fazer, e eu gritaria as minhas ordens por um megafone se isso fizesse alguma diferença. Você sabe o que estou prestes a falar. Na verdade, já disse isso antes:

Livre-se das dívidas.

Se está lendo este livro, é provável que eu não precise convencê-lo de pagar pelo que está devendo. Acabar com as dívidas é um dos maiores motivos que faz as pessoas passarem pelo momento "Eu preciso de um orçamento". Mas quero deixar claro *por que* acho que dever é um problema tão sério. A maioria dos gurus financeiros vai dizer a você que é por causa dos juros. Pagar juros não é legal, mas essa é apenas uma pequena parte do problema.

Minha questão com as dívidas é que elas *restringem o seu ganho financeiro*. Elas mantêm o dinheiro longe das prioridades conforme você paga centenas (até milhares!) por mês por algo que já aconteceu. Esse é o exato oposto do que o YNAB quer que você faça. O YNAB quer que você faça escolhas para o que está acontecendo agora e o que acontecerá no futuro. Você tem as funções e quer que o dinheiro trabalhe nelas. Porém, quando as dívidas entram no jogo, elas reivindicam essa grana antes mesmo dela bater na sua conta bancária. Suas escolhas ficam mais restritas. Dívidas contraídas através de compras são as grandes culpadas porque, na maioria dos casos, é para coisas que você nem liga. E as suas prioridades atuais estão sendo prejudicadas por elas.

Dever não é uma opção

Dever não é uma opção. Deixe que este seja o seu novo mantra. Dever não é uma opção. Grave e ouça isso em repeat se for

Acabe com as dívidas em qualquer situação 163

necessário, porque, assim que se livrar das dívidas, não pode voltar para elas. Se os seus objetivos parecem grandes demais, ou as contas, esmagadoras demais, continue firme ao acreditar que dever não é uma opção — e então se obrigue a encontrar uma solução. Esse foi o exato pensamento que me estimulou a começar o YNAB quando Julie e eu estávamos tentando pagar as contas e economizar para ter um bebê. Eu nem considerava pedir dinheiro emprestado, então tive a ideia de tentar vender o YNAB como uma planilha. E isso mudou tudo. Se você acreditar firmemente que dever não é uma opção, vai encontrar outra maneira de alcançar os seus objetivos.

Essa é a hora em que os argumentos aparecem voando: *Mas e quanto à hipoteca e empréstimos estudantis? Algumas coisas necessárias são caras demais para serem pagas em dinheiro vivo. E existe algo chamado dívida boa!*

Escuto muito isso. De fato, concordo que nem toda dívida é igual. As piores *de longe* são as que vêm das compras, pelas razões que mencionei. O restante, no entanto, também não é muito bom, de novo pelas razões que mencionei. Minha regra de ouro para decidir se uma dívida é "boa" ou "ruim" é verificar se a coisa para a qual você está pedindo dinheiro emprestado vai desvalorizar. Pedir um empréstimo para um carro novo é sempre uma ideia ruim, já que o valor dele cai no segundo que você sai da concessionária. As margens das suas perdas são menores com um carro usado, mas ainda é uma dívida ruim se você precisa de um empréstimo para comprá-lo.

Imóveis em geral não perdem valor, a não ser que você esteja comprando em uma bolha (ou vendendo depois de

164 NUNCA MAIS FIQUE SEM DINHEIRO

a bolha estourar). Eu ainda pago a minha hipoteca em ritmo febril, mas, se já existiu um argumento para uma "boa" dívida, hipotecas são um bom caso, sob as circunstâncias certas. Isso significa pegar um empréstimo para comprar uma casa que está dentro dos seus meios, com condições de pagamentos que se ajustem confortavelmente no seu orçamento. Já comentei antes que discordo dos conselhos financeiros que o mandam não gastar mais que X% na casa. Esse tipo de conselho não considera diversos fatores que podem influenciar a sua decisão (custos de transporte etc.). Então, quando digo que uma potencial hipoteca deve se ajustar "confortavelmente no seu orçamento", você é a única pessoa que pode decidir o que é "confortável" baseado no plano geral da sua vida. Se consegue ser objetivo sobre quais são as suas prioridades verdadeiras, vai saber o que é uma hipoteca razoável para você.

Você também já sabe como me sinto em relação a empréstimos estudantis. É possível ter uma ótima educação sem que seja necessário pedir dinheiro emprestado. Fiz isso e planejo ensinar os meus seis filhos a como fazer. Mas é uma dívida "boa"? Bem, um diploma não perde valor, mas é preciso ser bem cuidadoso. Quer os números estejam de acordo com a profissão dos seus sonhos ou não, muitas indústrias e diversas áreas de estudo não dão tanto "retorno" quanto a dívida que você assumiu.

Mas eu entendo: muitos de vocês já saíram da faculdade e agora estão endividados com os empréstimos. Tudo bem, se castigar por decisões tomadas no passado é inú-

Acabe com as dívidas em qualquer situação   165

til — foque apenas em acabar com as dívidas. Se tiver filhos, ou planeja tê-los, dê a eles o presente de tirar a dívida da equação de se planejar para a faculdade. O governo e agências de empréstimos privadas gastaram milhões tentando nos convencer de que os empréstimos estudantis são inevitáveis. E conseguiram. É horrível. Há pôsteres da FAFSA* pendurados em todo colégio como se fossem leitura obrigatória. Dívidas estudantis se tornaram tão comuns quanto gripe.

Dever não é uma opção. Defendo esse mantra, mas também reconheço que você pode estar a uma grande distância de uma vida sem dívidas. Oitenta por cento dos norte-americanos tem algum tipo de dívida. As gerações mais jovens são os que mais sofrem: 89% da geração X e 86% dos millennials estão endividados.** Tudo bem — apenas esteja determinado a pagar pelas suas dívidas, e depois use a Regra Dois como um louco para não contrair novas dívidas.

---

* "Requerimento gratuito para ajuda federal ao estudante", na sigla em inglês. Documento requerido para o aluno graduado na escola pedir empréstimos ao governo dos Estados Unidos a fim de cursar a faculdade. (*N. do T.*)

** Pew Charitable Trusts, "The Complex Story of American Debt", julho de 2015, https://www.pewtrusts.org/~/media/assets/2015/07/reach-of-debt-report_artfinal.pdf [em inglês].

POR QUE A PRESSA PARA PAGAR A MINHA HIPOTECA?

Em geral, perguntas surgem assim que digo às pessoas que Julie e eu corremos para quitar a hipoteca. As pessoas imaginam que isso faça parte de um truque monetário incrível que elas deviam saber. Tecnicamente, sim, você poupa muito em juros se pagar a hipoteca antes dos termos determinados no empréstimo. É possível encontrar com facilidade na internet calculadoras que mostram o quanto você vai economizar em juros dependendo da rapidez com que pagar. Mas não é esse o nosso motivo.

O grande motivador não tinha nada a ver com a nossa estratégia financeira. Julie e eu apenas adorávamos a ideia de morar em uma casa própria. Nada é melhor que isso. Você pode passar o dia inteiro fazendo cálculos, mas, no fim das contas, é simplesmente incrível não ter mais uma hipoteca para pagar.

Quando eu tinha 25 anos, estabelecemos o objetivo de pagar pela nossa primeira casa antes dos meus 30 anos. Conseguimos isso oito meses antes do prazo. Voltamos a ter uma hipoteca agora, mas esperamos poder pagá-la em três anos. Mais uma vez, não há nenhuma estratégia financeira extravagante aqui — apenas a decisão que esta é uma das maiores prioridades para o nosso dinheiro. Amamos viver em uma casa paga, então priorizamos os nossos gastos para fazer com que isso aconteça rápido. Simples assim.

Não tão rápido — As despesas reais vêm primeiro

Então você concorda comigo. Vai quitar as suas dívidas. Não vai se arrepender disso — mas é importante que prossiga da maneira correta. Por mais que eu odeie dever, não estou dizendo para pular de cabeça no pagamento das dívidas. Seria ótimo se pudesse fazer isso, mas comece a pensar no que você pode de fato pagar *depois* que as suas obrigações e prioridades forem orçadas. Lembre-se de que muitas das despesas reais da Regra Dois têm prioridade, mesmo que não sejam mensais. Não as ignore. Se o fizer, é provável que volte a dever no momento em que uma conta "surpresa" aparecer. Seu pneu vai furar. Sua família vai querer presentes no Natal. Não dá para ignorar o aniversário do seu namorado (sério, não dá). Uma vez que conseguir juntar uma poupança para essas coisas inevitáveis, pode pagar pelas dívidas sem preocupação e sem ser pego de surpresa depois.

A Regra Dois é um antídoto contra as dívidas. Use-a para saber o que você consegue pagar delas. Então, continue usando a Regra Dois para permanecer *sem dívidas para sempre*. Pense apenas em como ela e as dívidas funcionam:

Com a **Regra Dois**, você está dando uma função ao dinheiro de agora para gastos que só vão acontecer mais tarde.

Com as **dívidas**, você está gastando agora dinheiro que ainda não tem.

A Regra Dois faz com que você siga em frente. As dívidas o pegam de surpresa.

Tudo se trata de liberar o fluxo de dinheiro atual e do futuro. Lembre-se disso, sobretudo se estiver pagando por muitos empréstimos. Muitos defensores do "livre-se das contas" e os sistemas de dívidas bola de neve recomendam que, assim que você pagar uma dívida, deve usar imediatamente 100% do dinheiro que estava pagando pela primeira dívida em outra. Talvez isso funcione para você — mas não seja tão afoito para perder esse dinheiro recém-liberado.

Primeiro, dê uma olhada no seu orçamento: você poderia usar esse dinheiro para financiar alguma das suas despesas reais de forma mais robusta? Surgiu alguma nova prioridade que não existia quando você começou a pagar pela dívida? Se decidir que pagar pela dívida restante é a sua maior prioridade, então, claro, use o dinheiro na outra dívida. Mas não faça isso de forma automática. Você está no controle.

É por isso que recomendamos pagar a sua menor dívida primeiro, no caso de ter várias. Queremos que você diminua o número de coisas que é obrigado a pagar todo mês para que tenha mais liberdade para decidir como usar o seu dinheiro. Tudo se resume à simplicidade. Quanto menos coisas tiver no seu malabarismo — sejam contas bancárias ou pagamentos de dívidas —, mais objetividade terá para focar naquilo que é mais importante.

Dica de dívida: Usando a Regra Quatro para acabar com o estresse

Mitchel Burton terminou o seu último ano na faculdade como a maioria dos millennials norte-americanos: anima-

Acabe com as dívidas em qualquer situação 169

do para dominar o mundo, mas bem preocupado com as dívidas estudantis que vieram com o seu diploma.

Ele pensava que os empréstimos eram grandes, mas não sabia de verdade o quanto estava devendo até dar uma olhada no balanço pela primeira vez na primavera de 2011: $104.000. Ele se sentiu nocauteado. "Não conseguia acreditar. Fiquei enjoado. Liguei para os meus pais e disse: 'Sabiam que firmamos um contrato para mais de $100.000 em empréstimos?'"

Porém, Mitchel adora um desafio, então decidiu acabar com as dívidas estudantis o mais rápido possível. Ele tinha começado a trabalhar em período integral meses antes de se formar e destinava todo o dinheiro que podia aos pagamentos dos empréstimos.

"Eu ganhava $45.000 por ano no meu primeiro emprego, e sobrava mais ou menos $2.000 por mês. Forcei a mim mesmo a colocar $1.000 no pagamento das dívidas, mas ainda precisava pagar o aluguel do meu apartamento no centro de Chicago e as minhas outras despesas. Me coloquei em uma situação frágil e estava preocupado com dinheiro o tempo todo."

A maioria de nós conhece esse sentimento. Mesmo que você nunca tenha encarado a mesma situação de Mitchel, essa dança estressante de cronometrar contas com pagamentos é muito familiar. É a desvantagem de viver com margens apertadas demais. O menor escorregão pode colocá-lo com dívidas no cartão de crédito — e, no caso de Mitchel, isso teria acrescentado mais estresse ao circo de contagem de centavos que ele criou para si mesmo.

170 NUNCA MAIS FIQUE SEM DINHEIRO

Mitchel sabia que não conseguiria sobreviver na borda do precipício financeiro por muito tempo, então começou a procurar por uma solução. Foi quando ele encontrou o YNAB. "A Regra Quatro mudou tudo para mim", disse ele. "Um mês usando o YNAB, e eu já estava vivendo do meu salário anterior. Saber que eu tinha dinheiro na mão para pagar pelas contas era um grande apaziguador de estresse."

Então, como ele pulou de contar moedas a fim de encher um cofrinho para conseguir poupar um salário com 30 dias de idade em apenas poucas semanas? Com estratégia — e sobrevivência.

"Eu estava lidando com camadas e camadas de estresse. Tinha o estresse de estar endividado. Tinha o estresse de viver de salário em salário e de tentar entender pelo que eu podia pagar no meu dia a dia. O malabarismo com o dinheiro do agora estava acabando comigo. Eu sabia que ficaria acabado se não parasse com aquilo."

Mitchel dominou por completo a Regra Quatro ao fazer um hiato do seu pagamento agressivo de dívidas e colocar aquele dinheiro na sua poupança de trinta dias. Seus gastos ainda o deixavam apertado, mas saber que tinha sido para construir uma poupança tornou a atividade de contar moedas muito mais tolerável. Seu objetivo final não estava longe (muito mais perto do que pagar aqueles $104.000) e ele diz que ter uma reserva de dinheiro fez toda a diferença.

Assim que parou de se preocupar se podia pagar para comprar o seu suprimento semanal de manteiga de amendoim, geleia e pizza congelada, ele teve a capacidade mental

Acabe com as dívidas em qualquer situação   171

de focar nos seus objetivos. Foi então que teve um momento elucidativo: ele precisava ganhar mais dinheiro.

"Eu estava feliz com o meu progresso de pagar pelas dívidas, mas percebi que não iria muito longe com o meu salário da época. Estava gastando tempo e energia tentando colocar cada centavo no meu orçamento, mas eu me daria melhor aplicando aquela energia em tentar ganhar mais dinheiro."

Com esse novo insight, Mitchel saiu da sua zona de conforto que era o seu primeiro emprego pós-faculdade e começou a comparecer a entrevistas. Quando conseguiu uma nova posição, seu salário pulou de $45.000 para $65.000. Nos dois anos seguintes, ele negociou dois aumentos, chegando enfim a um salário de $90.000. Também pegava trabalhos freelances para ganhar uma grana extra, o que trazia por volta de $10.000 por ano. Durante todo esse tempo, continuou vivendo como se estivesse recebendo $45.000 e cada tostão extra ia para o pagamento das dívidas.

Vale a pena notar que esses números específicos não são importantes. Mitchel é afortunado por ter um bom salário, mas você pode fazer o mesmo progresso ao pular de um salário baixo para um menos baixo. A questão é manter os mesmos hábitos financeiros, mesmo quando o seu salário aumenta. Não deixe que um estilo de vida deformado roube o seu salário ao convencê-lo de que não tem problema em se soltar um pouco. Continue focado em alcançar os seus grandes objetivos.

O que também é interessante é que Mitchel começou devagar para depois acelerar. Ele estava jogando tudo no

172   NUNCA MAIS FIQUE SEM DINHEIRO

pagamento das dívidas e isso não funcionou. Então, deu um passo atrás, pensou no que funcionaria melhor para ele, e *aí* seguiu em frente.

O objetivo original de Mitchel era quitar os seus empréstimos estudantis antes de chegar aos 30 anos. Ele conseguiu aos 27. Ainda que a Regra Quatro tenha sido fundamental para isso, ele credita o seu sucesso a outros fatores-chave:

Regra Dois: "Poupar para as despesas reais foi uma das grandes razões de conseguir me manter no curso. Tinha tentado outras soluções orçamentárias, mas não havia nada como a Regra Dois naqueles sistemas. Eu ficava estressado e deprimido toda vez que uma despesa excepcional chegava. As festas de fim de ano eram as piores. É claro que eu podia ter decidido não dar presentes para ninguém e ser um idiota com todo mundo, mas isso não me parecia uma solução. Então, paguei um valor menor das minhas dívidas em dezembro e odiei fazer isso. Também adoro viajar, e a Regra Dois me ajudou a orçar para essas ocasiões, mesmo quando eu estava pagando pelos meus empréstimos."

Aumento do salário: "Acho que muita gente se esquece do lado do salário na equação. Claro, ser pão-duro funciona, mas correr para espremer dinheiro que ainda não é seu leva tempo e energia, que podiam ser gastos em fazer mais dinheiro. Essa foi uma das maiores lições que aprendi: cortar despesas ajuda até certo ponto. Se quiser se mover rápido com qualquer coisa financeira, o melhor é aumentar os seus ganhos. Você tem que ter uma estratégia para isso. Assim como cria planos para os objetivos do seu orçamento, crie planos para os seus objetivos de salário."

Acabe com as dívidas em qualquer situação   173

Lembre-se do plano geral: "Orçar me transformou em um tremendo mão de vaca e aceitei isso. Passei a valorizar bem mais os objetivos de longo prazo do que qualquer coisa de curto prazo. Estou até um pouco neurótico. Agora que já quitei as minhas dívidas, estou economizando para comprar uma casa. Se sou tentado a comprar algo desnecessário no supermercado, me impeço. Prefiro juntar dinheiro para a casa a comprar um pacote de batatinhas. Talvez aproveite mais quando conseguir alcançar o meu objetivo, mas, por ora, gosto de ver as minhas economias crescerem."

Hoje em dia, Mitchel trabalha em uma empresa de hipotecas, e ele percebe profundamente a ironia disso. A casa para a qual ele está economizando? Mitchel pretende pagar por ela à *vista*. Ele odeia a ideia de voltar a dever, mesmo que seja para algo como uma hipoteca (não conte ao chefe dele!). Dessa forma, ele está mantendo o seu estilo de vida de $45.000 anuais, apesar de hoje ganhar mais de $120.000. O restante está sendo guardado para a casa dos seus sonhos. Não tenho dúvidas de que ele vai consegui-la antes do planejado.

Grande esforço = Grande progresso

Sei que, para a maioria de nós, não é possível fazer como Mitchel: usar mais da metade do salário para pagar as dívidas e viver a base de miojo. Também não é simples dobrar os seus ganhos. Contudo, não importa como essas coisas soem para você, não as dispense tão rápido. O bom senso nos diz que não podemos alcançar nenhum objetivo (seja financeiro ou não) sem nos esforçarmos um pouco. Se você

174 **NUNCA MAIS FIQUE SEM DINHEIRO**

tem grandes dívidas e quer mesmo se livrar delas, vai precisar fazer algumas mudanças. No mínimo, terá que acabar com os hábitos que o colocaram em qualquer dívida de consumo que possa ter.

O progresso tende a acender uma fagulha — isso é especialmente verdade quando se trata de pagar dívidas. Quanto mais você alcança, mais quer alcançar. Existe algo em ver a sua vida sem dívidas entrar em foco conforme as despesas diminuem. Você pode sair de um poço sem dinheiro para formar pilhas de grana. Foi o que aconteceu com Mitchel, e essa foi a mesma situação em que Tracy e Dan Kellermeyer se encontraram depois de quitarem a sua dívida.

Você leu no capítulo 4 sobre como o orçamento de Tracy e Dan sobreviveu após a perda de um emprego. Antes de pouparem para um fundo emergencial do qual nem precisavam para aquela emergência em particular, eles eram obcecados em economizar para pagar pelo futuro casamento deles à vista. O grande objetivo: poupar $25.000 nos próximos dezoito meses para o casamento e continuar sem dívidas. Em relação a compromissos, este era um dos grandes.

"Foi *muito* sacrificante", lembra Tracy. "Nós dois voltamos para a casa dos nossos pais, para que os gastos em aluguel, serviços essenciais e compras fossem baixos ou até inexistentes. Só que a nossa privacidade também era inexistente! Mas isso significava que podíamos viver com um terço da nossa renda. O restante era para pagar dívidas e para a poupança. Honestamente, nossas vidas naquela época eram bem chatas."

Tracy e Dan tiveram que ser criativos quando se tratava de sair com os amigos e comer fora. "Basicamente,

Acabe com as dívidas em qualquer situação 175

fazíamos todo o possível em casa. Noites para ver filmes e beber vinho, jantares românticos. Se queríamos sair, optávamos por tomar um café em vez de ir a um restaurante. Não comprávamos roupas ou saíamos para festas como o restante dos nossos amigos. Quando isso se tornava frustrante, lembrávamos a nós mesmos que era apenas temporário."

E então o progresso deles engrenou. Alguns meses depois de economizar para o casamento, eles decidiram aumentar as apostas. Tracy também jurou pagar pelo empréstimo de $21.000 que fez para comprar o carro. Enquanto isso, Dan se comprometeu a quitar a sua dívida de cartão de crédito de $30.000 antes do grande dia. Quando a data do casamento chegou, eles estavam livres de dívidas e com dinheiro suficiente para pagar pela cerimônia e pela lua de mel. Dezoito meses de esforço permitiu que começassem o casamento financeiramente livres.

Sei que é fácil desconsiderar histórias como a de Mitch, ou de Tracy e Dan, se a sua vida não parece nem um pouco com a deles. Nem todos podemos voltar para a casa dos pais. Alguns de nós precisam viver com algo mais substancial que miojo. Mas o esforço que eles fizeram merece a nossa atenção. Antes que cada um deles começasse a sua jornada de quitação de dívidas, alcançar esse fim parecia impossível. Contudo, eles estabeleceram os seus objetivos e trabalharam todos os dias, constantemente, por um longo período. A equação é simples — o esforço é difícil. Não deixe que isso o impeça. Ninguém nunca conquistou nada digno de valor sem ter que trabalhar duro.

Quando os golpes das dívidas e da vida colidem

Holly MacKenzie sabia que não ia conseguir se livrar da sua bagunça financeira sem trabalho duro e um pouco de criatividade. Quando ela se separou na primavera de 2014, tinha alguns detalhes que precisava resolver. O maior de todos: pagar sozinha pelas despesas da sua vida. Ela trabalha em período integral como engenheira civil, mas apenas seu salário não cobria todas as despesas. Ela precisava encontrar um meio de fazer mais dinheiro. A solução rápida que encontrou foi alugar um quarto na casa dela. O dinheiro ainda era apertado, mas funcionava.

Acelerando para a próxima primavera. A colega de quarto de Holly estava se preparando para se mudar e ela voltou ao mesmo dilema financeiro. Holly não queria voltar a alugar o quarto. E também sabia que um problema maior era o núcleo da sua charada — seus gastos.

Ela adorava a Target. Em particular, encontrava uma maneira de atravessar aquelas portas vermelhas e brilhantes para comprar ovos e sair de lá com novas roupas de academia (ou louças, ou uma nova cafeteira). A estratégia dela era colocar as compras grandes no cartão de crédito, porque ela tinha medo de ver o dinheiro saindo da sua conta bancária aos montes. Entre salários, seu saldo estava sempre baixo ou até mesmo no negativo. A linha de crédito que ela tinha na conta bancária a salvava toda vez. Ela pagava de volta com o próximo salário, e o ciclo recomeçava. Enquanto isso, suas contas de cartão de crédito aumentavam.

Holly sabia que os seus hábitos dispendiosos a mantinham longe de ser capaz de pagar pela hipoteca. A notícia

Acabe com as dívidas em qualquer situação 177

de que a colega de quarto se mudaria em breve a levou a ver que precisava fazer alguma coisa, mas ela não tinha a mínima ideia do quê. Ela ouviu uma colega de trabalho falar sobre o seu orçamento, mas Holly não estava convencida. "Eu não podia compreender o conceito de algo como um orçamento para comida", lembra ela. "Sério mesmo? Um limite para quanto você pode comer?!" Mas Holly estava aterrorizada de não conseguir pagar pela hipoteca, então decidiu tentar.

Criar um orçamento fez alguma coisa com o cérebro dela. Como engenheira, ela adora fazer cálculos e resolver problemas. O orçamento dela era o casamento perfeito entre essas duas coisas. E ela ficou encantada.

Outro pequeno detalhe sobre Holly: a sua ética de trabalho é feroz. Quando não está no seu emprego de engenheira, ela faz um bico como personal trainer em uma academia (é daí que vem o seu gosto por roupas de academia). Uma vez que o orçamento dela começou a caminhar, ficou obcecada em pagar pelas dívidas de cartão de crédito, que somavam $10.000. Holly resolveu seu problema ao trabalhar mais duro no seu segundo emprego e enlouquecer com as Regras Um e Dois.

"Eu tentava colocar um pouquinho de dinheiro em categorias e esperar pelo pior", disse ela. "Quando comecei a fazer orçamentos, coloquei dinheiro na categoria de conserto do carro, então, quando o meu jipe pifou, eu tinha dinheiro guardado. Sempre coloco um pouco mais na minha categoria de hipoteca, para quando reparos forem necessários. Se algo surgisse enquanto eu estivesse trabalhando para pagar uma dívida, apertava o freio nesses pagamentos e deixava o dinheiro fluir para essa despesa."

Em cinco meses, as dívidas do cartão de crédito de Holly desapareceram. Àquela altura, ela tinha dinheiro suficiente para pagar confortavelmente pela hipoteca, pelos presentes de Natal *e* por uma viagem a Punta Cana, na República Dominicana. Ela também tinha $1.000 para pagar pela taxa de registro de um Toyota 4Runner 2016 depois de vender o seu debilitado jipe.

O próximo passo — seus empréstimos estudantis de $8.000. Holly fez o último pagamento em maio de 2016 (menos de um ano após começar o YNAB), deixando apenas o empréstimo do carro novo como dívida final. Ah, mas ela quer pagar pelo carro na metade do tempo estimado pelo contrato.

As conquistas financeiras de Holly deram a ela um enorme impulso de confiança, o que a ajuda a conquistar ainda mais. "Honestamente, sinto que, se posso mudar os meus hábitos de gasto e me livrar das dívidas do cartão de crédito e dos empréstimos estudantis, posso fazer qualquer coisa", diz ela. "Meu trabalho como personal trainer é baseado em comissão. Minha motivação é querer mais do meu trabalho para que eu possa colocar mais no meu orçamento. Me tornei bastante determinada em termos financeiros (é claro que quero que pessoas fiquem saudáveis também!). Meu orçamento me tornou uma empresária, líder e mulher de negócios melhor."

Ela começou a fazer orçamentos com menos de $1.000 na conta e $18.000 em dívidas. Agora, seu saldo bancário tem bem mais de cinco dígitos. Ela paga por viagens de férias à vista, dá presentes para os seus colegas da academia, cuida da família e, mais importante, não se estressa com dinheiro.

ACABE COM AS DÍVIDAS EM QUALQUER SITUAÇÃO

Dever não é uma opção.

Abraçar esse lema vai mudar a sua vida. Mesmo que você não esteja afogado em dívidas agora, isso vai ajudar a evitá-las no futuro. Enquanto se prepara para viver a bênção de uma vida sem dívidas, mantenha em mente:

- Pague as suas **despesas reais primeiro**. É inútil usar todo o seu dinheiro para pagar as dívidas se isso vai deixá-lo falido quando novas contas chegarem. Despesas reais são especialmente complicadas quando você tem pouca grana. Basta uma conta ou um gasto aparecer de surpresa para você voltar a dever.
- Não dá para fazer um grande progresso sem um **grande esforço**. Talvez você não consiga viver a base de miojo (tudo bem), mas pode encontrar maneiras criativas de gastar menos — ou de ganhar mais! Trabalhe consistentemente por um longo período de tempo. Você vai chegar lá e vai ter valido *muito* a pena.

CAPÍTULO 8:
Ensinando os seus filhos a fazer orçamentos

Sei que este capítulo não se aplica a todos, mas o assunto "crianças e dinheiro" é tão importante que tive que escrevê-lo para os leitores que têm filhos.

Falar sobre dinheiro com crianças não é fácil. Quer esteja bem de vida ou correndo atrás, é difícil saber o que dizer para lhes dar uma visão saudável do assunto. Você não quer deixá-los preocupados se os ganhos estão apertados. Não quer que pensem que nunca vão ter que trabalhar se têm um fundo de investimento esperando por eles. E continua sendo muito difícil mesmo que os seus ganhos fiquem entre um desses dois pontos.

Ron Lieber, colunista do jornal *The New York Times*, escreveu um excelente livro sobre criar filhos para que

182   NUNCA MAIS FIQUE SEM DINHEIRO

considerem o dinheiro com inteligência, chamado *The Opposite of Spoiled* [O oposto de mimado, em tradução livre]. Entre os seus conselhos está um mergulho de cabeça sobre como falar com os filhos sobre dinheiro. Não vou tentar imitar os esforços de Ron. Na verdade, depois de ler o seu livro e entrevistá-lo para o podcast do YNAB, uso o conselho dele com os meus seis filhos (bem, com cinco deles, já que Faye só tem 1 ano). O que *vou* fazer aqui é mostrar formas práticas com que Julie e eu ajudamos os nossos filhos a desenvolver uma boa relação com o dinheiro. Espero que essa espiadinha na nossa vida em família possa ajudá-lo a encontrar um bom ritmo financeiro com os seus filhos. Os conselhos de Ron fazem parte da nossa inspiração e, sem surpresa alguma, as Quatro Regras também.

O quê? Você pensou que não iríamos ensinar as Quatro Regras aos nossos filhos? (É claro que sim.)

Porém, antes de entrar nas Quatro Regras, cada criança precisa de dinheiro. Sou um grande defensor de dar mesada, para que as crianças aprendam a lidar com dinheiro desde cedo. Mantenha os valores baixos e você não vai ter que se preocupar se está sendo muito mão-aberta. Ao menos, minha experiência prova que o contrário vai acontecer. Dar aos seus filhos uma mesada modesta vai ajudá-los a ver de imediato que o dinheiro é um recurso finito. Se querem comprar alguma coisa, sobretudo algo grande, vão ter que tomar boas decisões com a grana que têm.

Julie e eu iniciamos as crianças no YNAB quando elas completam 8 anos. Até então, os menores recebem uma

Ensinando os seus filhos a fazer orçamentos   183

mesada e podem fazer o que quiser com ela. Nossa filha de 5 anos, Rose, manteve o seu dinheiro debaixo do travesseiro por uns três meses. Tentamos convencê-la a usar um sistema melhor, mas ela insistia no travesseiro. Tudo bem. Inevitavelmente, ela perdia algumas notas e nós a encontrávamos espalhadas pela casa. Julie e eu pegávamos esse dinheiro e colocávamos na pilha da mesada para devolvê-lo a Rose na semana seguinte. Tenho quase certeza de que ela nunca percebeu.

Max vai fazer 8 anos em alguns meses. Até lá, ele recebe alguns trocados a cada semana, coloca-os em uma gaveta na cômoda e, quando tem dinheiro suficiente, vai para a Target comprar Legos.

Não importa a idade, usamos a mesma filosofia para as mesadas de todos os nossos filhos:

Deixe que eles aprendam com a prática.

Com Rose, isso significa permitir que ela trate o dinheiro que tem da maneira que quiser. Ela não vai aprender que colocar notas debaixo do travesseiro é uma má ideia até não conseguir encontrá-las quando quiser comprar algo. Com Max, significa deixar ele comprar (e depois perder) os Legos.

O mesmo se aplica aos nossos filhos mais velhos. Tanto Porter (12 anos) quanto Harrison (11) e Lydia (9) têm o próprio orçamento YNAB, e deixamos que façam o que quiser com o dinheiro, sob duas condições. Eles têm que:

- Separar 10% para doação.
- Poupar 50% do que sobrar depois da doação.

184 NUNCA MAIS FIQUE SEM DINHEIRO

Eles podem fazer *o que quiserem* com o que sobrar.

Tenho que enfatizar quão importante é dar essa liberdade às crianças, porque é a única maneira de elas aprenderem a serem responsáveis com o dinheiro. Sim, às vezes, toda a mesada dos nossos filhos é gasta em doces, mas eles devem ter a chance de fazer essa escolha. Assim como nós, adultos, uma hora percebemos que pedir comida pelo telefone sem parar nos mantém longe dos nossos objetivos, eles vão ver que a mesma coisa vale ao fazer uma farra com doces. Deixe que gastem. Se você mesmo não for um esbanjador, isso pode ser difícil, mas lembre-se de que há tanto aprendizado em gastanças com balas quanto em poupar ou doar. E não é melhor que eles aprendam isso com doces em vez de coisas mais arriscadas (e mais caras)? Tente deixar para lá. Se só estiver dando a eles alguns trocados por semana, o gasto vai valer pelo aprendizado a longo prazo.

Nossa função como pais é guiar o aprendizado. Julie e eu não damos ênfase nas Quatro Regras com os menores, mas tentamos fazê-los pensar antes de gastar. Mantemos o clima leve, com perguntas como: "Tem certeza de que é isso que você quer?" ou "Existe alguma outra coisa que você queira mais do que isso?". Não desafiamos os menores de 8 anos além disso. Quando são pequenos assim, sentimos que é o suficiente para fazer com que fiquem conscientes do dinheiro e comecem a praticar.

Dito isso, se você acha que os seus filhos mais novos estão prontos para mais, vá em frente. Pode ser só um problema de números para Julie e eu. Com seis filhos, nós meio que perdemos o pique depois de ajudar os três mais velhos

Ensinando os seus filhos a fazer orçamentos   185

com os orçamentos deles. Os menores recebem o dinheiro por ora, e estão felizes de ter uma mesada que nem os irmãos maiores. Logo eles vão aprender sobre as Quatro Regras. Por enquanto, parece uma realização e tanto fazer com que os seis terminem o dia felizes e saudáveis.

A DOR DE DEIXAR PARA LÁ

A parte mais difícil de ensinar aos meus filhos sobre orçamento foi ensinar a mim mesmo a deixar para lá. Uma vez que o dinheiro passa a ser deles, acredito fortemente que devemos nos abster de tentar gerenciar ou controlar a grana por eles.

Quando Porter começou a fazer orçamentos no seu oitavo aniversário, Julie e eu decidimos contar a ele sobre as suas economias de aniversário. Durante os anos, através de presentes de familiares, ele acumulou mais ou menos $100. Tentamos muito expressar o quanto era importante que ele guardasse aquele dinheiro. Sentamos na cama dele e explicamos que poupamos o montante desde que ele era um bebê, e que levou anos e anos para acumular aquela grande quantia. Quando pensamos que ele entendia as proporções épicas daqueles $100, perguntamos o que ele iria querer fazer com o dinheiro.

Porter tinha certeza do que queria fazer: comprar um LeapPad (um dos primeiros tablets voltados para crianças).

Dentro de mim, eu sabia que aquilo não ia durar. Tentei argumentar com ele que o tablet não parecia muito bem-feito e que ele se cansaria depois de algum tempo. Foi muito difícil para mim deixar que Porter fizesse a própria escolha. Minha última e desesperada ação foi dar a quantia em notas de $1, esperando que isso o fizesse perceber quanto dinheiro ele tinha. Pensei: "Claro, quando ele sentir as notas na mão, vai querer economizar."

Nada disso. No momento em que fomos a Best Buy, Porter jogou a pilha de dinheiro na frente do caixa e saiu de lá com o seu novo brinquedo.

Desejei, pelo bem de Porter, que eu estivesse errado, mas, conforme suspeitei, ele acabou não gostando muito do LeapPad. Até se esqueceu dele depois de algumas semanas.

Após alguns meses de orçamento, Porter mencionou os $100. Ele disse que, depois de pensar em todas as coisas que poderia ter feito com aquele dinheiro, sentia que o gastara em vão. Ele gostaria de poder colocar o valor no seu novo fundo para bicicleta ou guardá-lo para gastar em atividades com os amigos. Não falei nada, porque sabia que ele não precisava da minha opinião. Estava claro que a experiência influenciaria as suas futuras decisões financeiras — e era só isso que importava para mim. Sendo assim, não acho que a compra tenha sido um gasto em vão. Era apenas uma parte dolorosa do aprendizado de Porter (e do meu).

Ensinando os seus filhos a fazer orçamentos   187

Uma palavrinha sobre mesadas

Antes de eu falar sobre crianças e as Quatro Regras, quero dar um pouco mais de atenção a mesadas. Julie e eu tivemos dificuldades por algum tempo para saber quanto dar de mesada para nossos filhos. Houve um período em que ligávamos a mesada às tarefas de casa. O dinheiro que eles ganhavam variava dependendo do quanto estavam dispostos a ajudar e a qualidade com que o faziam.

Isso não funcionou muito bem. Era estressante para nós porque tínhamos que checar a qualidade de cada tarefa e, de uma maneira subjetiva, decidir quanto cada criança deveria receber a cada semana. As crianças também não gostavam. Elas nunca sabiam o quanto iam ganhar. Havia também aquele sentimento de que, nossa, se a mamãe estiver de bom humor, vou ganhar mais dinheiro. Se não, vou ganhar menos. Não era justo com eles.

O conselho de Ron Lieber sobre mesadas foi uma descoberta e tanto para Julie e eu. Quando conversamos no podcast do YNAB, Ron compartilhou a ideia dele de que mesadas não devem ser uma retribuição em troca de tarefas feitas. Essas obrigações são coisas separadas. São coisas que fazemos na casa porque amamos uns aos outros, e porque prezamos pelo bom funcionamento do lar. Cumprimos tarefas como um dever e como um ato de alegria, amor e comprometimento com as pessoas com quem vivemos. Estou de pleno acordo com isso.

Julie e eu sempre vimos mesadas como uma ferramenta para o aprendizado, mas minha conversa com Ron levou o nosso modo de pensar a outro nível. Ele apontou que queremos que as crianças tenham prática com o dinheiro da mesma forma que tenham com os seus instrumentos musicais ou com seus materiais de arte. Queremos que elas sejam boas com dinheiro da mesma forma que com essas outras coisas. Então, tirar o dinheiro no caso de não realizarem as suas tarefas não faz sentido, da mesma maneira que não faria sentido tirar os livros ou os violinos delas na mesma situação.

Conversei com Julie depois de entrevistar Ron e decidimos anunciar o nosso novo sistema de mesadas naquela mesma noite, durante o jantar. As tarefas não estariam mais envolvidas. Cada filho ou filha receberia um valor fixo baseado na sua idade. Julie e eu decidimos $5 para Porter e Harrison, $3 para Lydia, $2 para Max e $1 para Rose toda semana. Foi um grande alívio para nós, e as crianças ficaram animadas ao saber o quanto exatamente receberiam.

Você precisa decidir o que funciona melhor para a sua família, mas eu recomendo essa abordagem básica. Trate a mesada dos seus filhos como uma ferramenta para o aprendizado. Mantenha-a consistente e separada de qualquer uma das outras responsabilidades. Com esse sistema simples em funcionamento, você está construindo o caminho para ensinar paciência, generosidade e responsabilidade aos seus filhos — qualidades que serão muito úteis quando se tornarem adultos.

Não se preocupe, eles vão entender

Quando digo às pessoas que começo a ensinar orçamentos para os meus filhos aos 8 anos, tendo a receber uns olhares

Ensinando os seus filhos a fazer orçamentos 189

engraçados. Já reconheço bem essas expressões. Elas estão dizendo: *O que uma criança de 8 anos vai conseguir entender sobre despesas e prioridades? Pobres robozinhos que tem que lidar com esse sargento maluco do YNAB que é o pai deles.* Deixando a parte do pai maluco do YNAB de lado, temos que dar mais crédito aos nossos filhos. É fácil demais subestimar o quão rápido eles aprendem.

Se realmente pensamos que crianças não conseguem lidar com dinheiro ou orçamento, em geral é por uma dessas três razões:

Começamos a ensiná-las tarde demais.

Tentamos ensinar muita coisa de uma vez.

Tentamos ensinar lições que não são relevantes para a vida dos nossos filhos.

É importante superar essas barreiras:

Comece cedo.

Vá devagar.

Mantenha-se dentro da realidade dos seus filhos.

Uma criança no ensino fundamental não vai ligar para aprender a priorizar contas, porque ela não tem nenhuma. Mas e se ela estiver morrendo de vontade de ter um iPod Touch em fevereiro? Ainda falta tempo demais para o Natal. De repente, a ideia de priorizar economias vai parecer bem interessante para ela.

Não entre em pânico se você ainda está começando a falar com os seus filhos mais velhos sobre dinheiro. O fato de estar fazendo isso enquanto eles ainda estão sob o seu teto significa que está fazendo isso cedo! De acordo com um estudo do U.S. Bank, apenas 18% dos alunos do último

NUNCA MAIS FIQUE SEM DINHEIRO

ano do ensino médio e estudantes de faculdade sente que os seus pais lhes ensinaram como gerenciar dinheiro.* Não importa a idade dos seus filhos — mesmo se começar agora, vai prepará-los para o sucesso.

As Quatro Regras pelos olhos de uma criança

Uma das primeiras coisas que notei ao fazer orçamentos com crianças foi que elas não trazem a mesma bagagem que os adultos. Elas não têm conhecimento sobre a (falsa) ideia de que o orçamento significa que você está se restringindo ou que não pode se divertir. Presumimos que as crianças vão compartilhar das nossas preocupações, mas elas não fazem isso. São folhas em branco. Tudo que pensam quando olham para os seus orçamentos é: "Meu Deus, o que eu quero?" Elas se divertem pensando nisso. Quando nós, os adultos, começamos a fazer orçamentos, temos que aprender o que as crianças já fazem instintivamente. Eu entendo, os riscos são bem menores em um orçamento de criança. Mas perceber cedo que fazer orçamentos é uma coisa boa as prepara para uma relação saudável com o dinheiro. Isso é muito importante.

Quando começo a ensinar os meus filhos sobre as Quatro Regras, cada um deles recebe uma conta bancária e um orçamento pessoal no software do YNAB. Preparo transferências automáticas para as mesadas deles; assim, eles podem ver os seus fundos no YNAB com facilidade.

---

* U.S. Bank, "2016 U.S. Bank Student and Personal Finance Study", setembro de 2016, https://stories.usbank.com/dam/september-2016/US-BankStudentPersonalFinance.pdf [em inglês].

Ensinando os seus filhos a fazer orçamentos 191

Se você não usa o software do YNAB, seus filhos podem fazer orçamentos no Excel ou em um caderno. Você pode dar o dinheiro direto para eles ou fazer transferências automáticas. Qualquer que seja a sua abordagem, tenha certeza de que eles possam ver o dinheiro. Isso torna tudo mais real. Se a mesada deles está no banco, entre no site toda semana para mostrar a eles o saldo. Se eles recebem em dinheiro, tenha certeza de que o montante esteja por perto quando estiverem fazendo o orçamento.

Eu me junto aos meus filhos toda semana conforme eles fazem os seus orçamentos. Uma vez que separam os 10% para doação e metade para as economias, o resto é com eles. Só estou lá para encorajá-los a pensar de forma esperta. Eu consigo causar um efeito... de vez em quando.

Decidir as prioridades é o primeiro grande marco (o mesmo vale para os adultos!). Descobri que, quanto mais ideias as crianças têm em relação ao que querem orçar, melhor vão aprender as lições quando mergulharem de cabeça. Na verdade, eu os estimulo quando dizem que querem apenas algumas coisas. "É *só isso mesmo* que você quer? E quanto àquela boneca? E aquele relógio maneiro que viu?" O orçamento logo começa a parecer uma carta para o Papai Noel: hoverboard, computador, relógio, iPhone (Harrison abandonou o iPhone quando percebeu que teria que pagar pelo serviço também). Não tem problema nenhum *por ora*. Eu disse anteriormente neste livro que os nossos orçamentos não devem se parecer com listas de presentes de Natal, mas esse tipo de *brainstorm* inicial é uma maneira fácil e boa das crianças entenderem o orçamento. Lembre-se de

192 **NUNCA MAIS FIQUE SEM DINHEIRO**

ir devagar. Se você empilhar o espectro total dos possíveis gastos, elas vão se sentir sobrecarregadas.

Quando a lista delas estiver bem grande, voltamos a nossa atenção para o dinheiro e para as Quatro Regras.

Não é preciso mudar muita coisa quando explicar as regras para as crianças. Mas existem algumas abordagens que podem ser usadas para ajudá-las a ver como cada regra funciona na vida real.

Regra Um: Dê uma função ao seu dinheiro

É aqui que a longa lista tem a sua utilidade. Com tantas opções competindo pelo dinheiro limitado dos seus filhos, eles precisam fazer um balanço entre vontades conflitantes. Parece familiar? É claro que eles não estão escolhendo entre aluguel, empréstimos estudantis e viagens, mas, ainda assim, podem ver, de maneira bem concreta, que o dinheiro não é infinito.

O sentimento de escassez faz com que as crianças foquem nas prioridades. Elas pensam: "Caramba, tenho dez coisas na minha lista, mas só quero mesmo três delas." A lista de desejos recebe prioridades verdadeiras bem rápido — as crianças são melhores nisso do que a maioria dos adultos.

Então, com a Regra Um, a pergunta para uma criança se torna: *O que eu quero primeiro?*

É fascinante vê-las refletindo de forma profunda sobre o que é importante para elas. Inevitavelmente, meus filhos decidiram colocar todo o dinheiro em uma única categoria. Nunca os vi separando o montante em valores menores para cobrir tudo que há na lista. Tudo bem. O importante é que saibam de todas as opções que tem diante de si e esco-

Ensinando os seus filhos a fazer orçamentos   193

lham as maiores prioridades. Eles fazem isso bem melhor do que muitos dos adultos que conheço. Você sabe que não pode ir muito longe na Regra Um sem considerar as suas despesas reais. E nem os seus filhos. Mas não se preocupe — eles logo vão entender isso também.

Regra Dois: Aceite as suas despesas reais

As Regras Um e Dois logo se encontram no caso das crianças, porque, em geral, elas não podem pagar pelas coisas que querem de imediato. Se estiverem fazendo orçamentos com uma mesada modesta, vão precisar economizar para qualquer coisa que não seja uma pequena compra feita por impulso. Exerça a paciência — uma arte perdida entre muitas crianças (e adultos) hoje em dia. Todos nós podemos praticá-la um pouco mais.

A Regra Dois é ótima para fazer as crianças pensarem além da lista de desejos. Lembre-se de como definimos as nossas despesas reais: cada despesa que precisamos para manter a vida funcionando. As crianças também têm isso. Elas não contam com a alegria de pagar pelo seguro do carro ou pelo plano de saúde, mas têm objetivos de gastos excepcionais e previsíveis que vão aparecer de surpresa caso não se planejem. O Natal e as férias são épocas perfeitas para explicar o que são dívidas reais para as crianças.

Nossos filhos gastam um dinheirinho um com o outro no Natal. Conforme fazem os orçamentos, lembro a eles que talvez não queiram gastar toda a mesada de dezembro em presentes. Então, ajudo-os a calcular quanto vão precisar economizar a cada mês até o Natal. Eles ficam animados ao ver

194 **NUNCA MAIS FIQUE SEM DINHEIRO**

as suas economias aumentarem durante a metade do ano — e felizes ao ter uns trocados para si mesmos durante o ano todo. O meio do ano também é ótimo para a Regra Dois porque vem com muitas despesas semanais. Como pais, ainda vamos pagar pela maioria delas (já que dificilmente a mesada vai cobrir o acampamento ou os custos das férias), mas inevitavelmente as crianças vão querer gastar em coisas que você vai sentir que são responsabilidade delas.

Ajude os seus filhos a rememorar uma experiência em que desejaram ter mais dinheiro para gastar. Eles querem que seja diferente na próxima vez? Esse tipo de pensamento auxiliou Porter a perceber que ele tinha prioridades que não os brinquedos que constavam na sua lista de desejos. Todo ano ele vai para um acampamento de escoteiros na Califórnia com o primo. Quando voltou para casa da última vez, falou conosco sobre como um garoto lá tinha sido sortudo por ter levado $20 para gastar na lojinha do acampamento. Vamos avançar na história: no segundo semestre, Porter estava preparado para colocar todo o dinheiro que podia gastar em um hoverboard. Ainda faltavam dez meses para o acampamento, então perguntei a ele se não ia querer fazer uma economia para gastar na loja dos escoteiros. Meu filho logo percebeu que precisava poupar $2 por mês se quisesse levar aquela cobiçada quantia para o acampamento. Ele ficou feliz em fazer o hoverboard esperar. Nunca estive na lojinha do acampamento dos escoteiros, mas sem dúvida deve ser um monumento à beleza.

O hoverboard acabou voltando para a lista de Porter e ele o comprou recentemente com o dinheiro que economizou trabalhando (mais sobre isso daqui a pouco). Então,

Ensinando os seus filhos a fazer orçamentos   195

com uma mistura de orçamento e paciência, ele foi capaz de fazer as duas coisas: economizar o dinheiro para a loja e comprar o hoverboard.

Enquanto prepara os seus filhos para pensar a longo prazo, você os faz responder às mesmas perguntas que fez a si mesmo quando começou a orçar: *O que eu quero que o dinheiro faça para mim? Como eu quero que a minha vida seja?*

Eles querem ficar enrolados para pagar pelos presentes de Natal ou se sentirem animados com todas as opções que o orçamento lhes dá para surpreender os seus irmãos e as suas irmãs? Eles querem esbanjar nos fliperamas nas próximas férias ou reviver a frustração de ter torrado o dinheiro após apenas vinte minutos?

Não importa no que eles estão gastando. A questão é criar o hábito de pensar a longo prazo e agir agora. Isso sempre os servirá bem.

A Regra Dois também é ótima para ajudar as crianças a ver como rendas variáveis podem cobrir despesas de longo prazo. Todd e Jessica fazem orçamentos com os filhos Sadie (14 anos), Wyeth (11) e Oliver (9). Sadie recebe uma renda bastante variável — em alguns meses é só a mesada; em outros, ela ganha ao cuidar dos patos e das flores dos vizinhos enquanto eles viajam. Quando Todd e Jessica deram a Sadie o seu primeiro celular, ele veio com uma grande lição sobre gerenciar dinheiro. O aparelho foi um presente, e Todd e Jessica também pagaram toda a conta nos primeiros meses de serviço. Depois, Sadie foi responsável por 25% e então, em algum momento, por 50% da conta mensal. A reação imediata

196   **NUNCA MAIS FIQUE SEM DINHEIRO**

de Sadie ao pagar por 50% da conta era que o valor era maior do que o dinheiro que ela "fazia" todo mês. Mas e quanto aos lucros dos patos? Quando Todd mencionou que ela podia espalhar esses ganhos por vários meses, ela entendeu. A Regra Dois entrou com efeito total no orçamento de Sadie.

Regra Três: Aprenda a levar porrada

Sabe quando eu disse que as crianças não trazem a mesma bagagem para o orçamento que os adultos? Isso é verdade para a Regra Três em especial. Como adultos, temos que nos lembrar o tempo todo de que mudar o orçamento não é falhar. É a vida. As crianças são bem mais resilientes. Assim que entendem que o dinheiro é algo finito, ficam abertas a trabalhar dentro desses parâmetros.

Se os meus filhos querem comprar algo que está fora do orçamento deles, tento lembrá-los de que vão precisar fazer uma mudança nos seus gastos para incluir esse novo item. Em geral, eles são rápidos para decidir: abandonam a coisa nova ou mudam de prioridade. Eles nunca veem aquilo como uma falha — estão apenas trocando de ideia sobre as suas prioridades. Um tempo atrás, o filho de Todd, Oliver, estava economizando para alguns brinquedos diferentes (Legos, bonecos dos Minions, cartas Pokémon e outras prioridades — ei, ele tem 9 anos). Durante uma visita ao aquário, Oliver viu um pinguim de pelúcia de $11 na loja de lembranças. Ele não tinha orçado aquele pinguim de pelúcia, então perguntou a Todd se ele compraria o brinquedo para ele. Todd disse que não, mas pegou o orçamento de Oliver no telefone para que o filho pudesse vê-lo, estipulan-

Ensinando os seus filhos a fazer orçamentos 197

do o quanto queria colocar na recentemente criada categoria "pinguim". Era a Regra Três *adiantada*, que é o melhor tipo. Oliver ajustou o seu orçamento porque as prioridades dele mudaram, e ele não precisou esperar para juntar dinheiro para fazer a compra. O pinguim era dele — e o menino ainda dorme com o brinquedo toda noite.

Mais uma vez, sei que os riscos são bem diferentes quando se trata de crianças. Não há como comparar a escolha entre um pinguim e cartas Pokémon para deslocar o seu dinheiro de uma categoria para a outra apenas para que você possa pagar pelas compras. Mas as mesmas habilidades são usadas. Toda essa prática vai preparar seus filhos para o dia em que "aprender a levar porrada" vai significar bem mais do que brincar com a mesada.

No capítulo 4, mencionei que a analogia de aprender a levar porrada vem do boxe. Quando o seu oponente dá um soco, vai doer bem menos se você se mover com o impacto. Também a probabilidade de levar golpes (tão duros) é bem menor. Bem, imagine que está entrando no ringue pela primeira vez como adulto. Você conhece as regras, mas, caramba, não é fácil. Então, imagine entrar no mesmo ringue depois de treinar abaixar-e-esquivar desde a infância. Ainda vai ser um desafio, mas você vai estar tão ágil que mal vai suar. Assim será o seu filho em alguns anos. Um prodígio do orçamento.

Por ora, tudo que os seus filhos precisam saber é que não tem problema algum em mudar o orçamento. Mas eles já sabem disso. Somos nós que precisamos nos lembrar constantemente dessa informação.

Regra Quatro: Amadureça o seu dinheiro

Ok, tudo bem: seus filhos provavelmente não se preocupam em quebrar o ciclo de salário em salário. (Caso se preocupem, eles são muito mais sábios e maduros do que você pensava. Agora, mande eles saírem de casa e irem brincar.) No entanto, ainda vale a pena deixar a Regra Quatro por perto. Como as outras regras, é uma boa prática para os anos vindouros. E, nessa idade, é uma maneira divertida de ver o quão bem estão indo.

Há um tempo, Harrison perguntou o que significava a "idade do dinheiro" no canto superior do software do YNAB. Ele é o mais econômico entre nós, então o programa mostrou que o dinheiro dele tinha 250 dias de vida (esse garoto quase nunca gasta a mesada). Expliquei que, em linhas gerais, o dinheiro que ele gasta hoje foi recebido há 250 dias. Ele achou aquilo bem legal, então foi perguntar para Lydia e Porter qual era a idade do dinheiro deles (bem mais baixa). Isso se tornou um motivo para ele se gabar, o que não apoio totalmente, mas, em segredo, adorei ver como ele ficou orgulhoso do seu progresso. Não conte isso aos irmãos dele.

Se você estiver fazendo um orçamento off-line, pode calcular a idade do dinheiro dos seus filhos ao dividir o montante total que tem à mão pelo valor que eles gastam em um mês normal. Isso pode ser um pouco complicado se os gastos forem variados, mas ainda vai dar uma ideia geral. Então, se eles gastam $20 por mês e têm $100 à mão, a idade do dinheiro deles é por volta de cinco meses.

À essa altura, a Regra Quatro é mais um exercício divertido. Mas não vai prejudicar ver os seus filhos animados

Ensinando os seus filhos a fazer orçamentos 199

quando olharem a idade do dinheiro deles. Se eles tiverem esse tipo de pensamento agora, pode ser que consigam evitar a armadilha da vida de salário em salário quando os riscos forem reais. Ou, na pior das hipóteses, terão as ferramentas para acabar com o estresse se forem sobrecarregados pelas dívidas. Que bênção isso será.

QUANDO OS NOSSOS FILHOS NOS MANTÊM NA LINHA

Recentemente, minha amiga Maria e o marido dela, Joe, decidiram começar a economizar para ter um cachorro. Eles não fazem orçamentos com o filho de 5 anos deles, Luca, mas contaram-lhe o plano. O menino ficou entusiasmado, mas não queria esperar. "A gente sabe que quer um cachorro. Por que não podemos pegar um hoje?", perguntou ele.

Maria e Joe explicaram que cachorros vêm com grandes despesas: comida, veterinário, passagens para o caso de eles quiserem viajar um dia. O objetivo deles era juntar ao menos $1.000 antes de pegar o cachorro para que estivessem preparados para cuidar do animal. "Mas, veja pelo lado bom", disse Joe, "podemos economizar dinheiro mais rápido se não comprarmos coisinhas de que não precisamos".

Luca entendeu isso — tanto que começou a fiscalizar os gastos dos pais. A visita seguinte ao supermercado foi um verdadeiro interrogatório: "Mãe, você precisa mesmo de pasta de grão-de-bico? Da última vez, você falou que os abacates estavam muito caros. Pode economizar esse dinheiro para o nosso cachorro!"

Sendo justo, Luca estava disposto a fazer os próprios sacrifícios. Ele se ofereceu para desistir do carrinho Hot Wheels de 88 centavos que às vezes ganhava como prêmio por ter se comportado no supermercado. Ele também se voluntariou a pular as pizzas de sexta--feira, o único dia na escola em que ele comprava o almoço. Mesmo sem um orçamento para si, aquele garoto estava arrebentando nas prioridades.

O "fundo do Brutus" da família (Luca já tinha batizado o cachorro) está programado para se completar no verão, a tempo de Luca aprender a tirar cocô do quintal. Enquanto isso, ele está pegando um pouco mais leve com os pais — Maria pode se saciar com abacates *de vez em quando*. A ansiedade de Luca também motivou os seus pais a cortar mais gastos do que tinham planejado. Parar de jantar fora por três noites economizou algumas centenas e eles baniram delivery de comida até que Brutus esteja lá para chorar pelas sobras. Com Luca na jogada, talvez eles consigam alcançar o objetivo na primavera.

Quem paga pelo quê?

Quando você começar a ensinar os seus filhos mais velhos a fazer orçamentos, é bom ser bem claro sobre o que espera que eles paguem. Isso pode ser complicado se eles estiverem acostumados com você pagando por tudo. Você não

Ensinando os seus filhos a fazer orçamentos

quer que eles se sintam castigados se os ganhos monetários deles sofrerem uma redução. Isso é para ser divertido. Além do mais, você ainda está dando dinheiro a eles — só que agora, seus filhos podem fazer *o que quiser* com a grana. Eles nem precisam perguntar a você.

Sugiro que faça uma reunião orçamentária com os seus filhos, da mesma forma que faz com sua parceira, para decidir quais são as responsabilidades deles e o que você vai continuar a fornecer. Você pode até decidir dividir contas. Apresente os parâmetros, que podem evoluir conforme os seus filhos crescem.

Todd e Jessica falam com os filhos sobre o quanto eles precisam orçar para economias, presentes e doações. Além disso, exatamente como os nossos filhos, eles escolhem em que categoria investir.

Todd e Jessica estão dispostos a ajudar os filhos a pagar por experiências, como escalar montanhas com amigos, mas não com coisas. As crianças são livres para fazerem orçamento com o próprio dinheiro visando o que quiserem, o que dá poder a elas para comprar objetos que, de outra forma, seus pais não comprariam (cartas Pokémon, amados pinguins de pelúcia, coisas desse tipo).

Eles também decidiram quais despesas serão divididas. O casal concordou em pagar 50% da conta de telefone de Sadie, porque sente que esta é uma verdadeira despesa compartilhada. Eles querem poder contatá-la quando ela estiver fora tanto quanto — ou talvez até mais — Sadie quer um celular para si (ela é uma das raras adolescentes que não é obcecada por celulares).

202 NUNCA MAIS FIQUE SEM DINHEIRO

Wyeth economiza para equipamentos de ciclismo, mas a maioria dessas coisas é tão cara que Todd e Jessica o ajudam a cobrir os custos. Famílias diferentes vão ter que fazer escolhas diferentes sobre o que os pais vão pagar, o que as crianças vão pagar e o que está no meio desses extremos. Porém, como os filhos de Todd e Jessica, todos podem desenvolver o hábito de fazer orçamentos e ganhar a experiência que precisam para priorizar.

Quando seus filhos começarem a trabalhar, aos poucos podem assumir mais despesas que você sentir que recaem sob a responsabilidade deles. Porter, Harrison e Lydia fizeram isso quando começaram a trabalhar no YNAB.

Sim, os meus filhos de 13, 11 e 9 anos trabalham no YNAB. Eles compartilham da glamourosa função de limpar o escritório.

Depois de as crianças estarem orçando com um pouco mais de algumas centenas, Julie e eu decidimos que eles deveriam se responsabilizar por presentes de aniversário. Tivemos essa ideia quando, entre os três, eles estavam indo a por volta de seis festas de aniversário por mês. Estávamos cansados de comprar presentes, então abordamos a ideia de eles usarem o próprio dinheiro para comprar os presentes dos amigos. Nossos filhos concordaram de imediato.

Agora, eles estão no controle total sobre os presentes de aniversário para os amigos e os irmãos. Ficam animados ao pensar no que comprar e até procuram por pistas do que um amigo iria gostar quando saem juntos. Eles quase nunca pensavam nisso antes. Pagar pelo presente fez deles presenteadores mais sensíveis. É divertido observar isso como um pai.

Ensinando os seus filhos a fazer orçamentos 203

Lembre-se de que o seu maior objetivo é ensinar os seus filhos a como lidar bem com o dinheiro. Não fique ansioso para estabelecer quem paga pelo quê. É bom ter um sistema claro em uso, mas o plano geral é muito mais importante.

É isso que acontece quando você deixa uma adolescente fazer o que quiser com o dinheiro dela

No momento em que estou escrevendo isso, nosso filho mais velho tem 13 anos de idade. Isso significa que o nosso grande experimento para criar jovens adultos responsáveis do ponto de vista financeiro ainda está na fase beta. Porém, se a família de Jon Dale servir de alguma indicação, acho que as crianças vão se sair bem.

A filha de Jon, Anna, tem 17 anos. Ela adora K-pop e pinta o cabelo de rosa. E é uma artista plástica talentosa. Trabalha em um cinema e vem usando o YNAB desde que conseguiu o emprego, aos 15 anos. Anna não precisou ser convencida a fazer orçamentos, apesar do fato de os pais dela pagarem por todos os seus gastos antes de ela arranjar o emprego.

"Uso o YNAB porque os meus pais usam", explica ela. "Estava preocupada em começar a vida sem ter um meio de gerenciar o meu dinheiro. Quando comecei a trabalhar, queria pagar pelas minhas coisas. Compro muitas roupas agora e, quando estou comprando coisas supérfluas, gosto de usar meu próprio dinheiro."

Jon ajudou Anna a criar o orçamento dela quando a adolescente recebeu seu primeiro salário. Desde então, ela

204 **NUNCA MAIS FIQUE SEM DINHEIRO**

liga para ele apenas quando precisa de ajuda. Recentemente, sua conta bancária mostrava uma diferença de $100 (ela tinha mais dinheiro na conta do que o orçamento dela mostrava) e Jon a ajudou a entender aquilo. Além de encorajá-la a separar algum dinheiro para doação, Jon e a esposa, Amy, dão à filha total liberdade no orçamento.

Jon se lembra de uma noite há alguns meses em que Anna chegou do shopping com algumas amigas. Quando ele perguntou o que ela tinha comprado, a filha respondeu que não comprara nada. As palavras específicas foram: "Não tenho dinheiro disponível agora." *Que interessante.*

Jon pode ver o saldo bancário de Anna, já que a conta dela é ligada à dele. O pai sabia que ela tinha alguns milhares na conta naquela época. Como uma adolescente pode ficar solta em um shopping com milhares na conta e não gastar um centavo?

Prioridades. Anna tem um monte delas, e acontece que ela não vai realizar nenhuma ao comprar coisas no shopping. Estas são as suas categorias orçamentárias no momento:

Doação
   Doação
Despesas do dia a dia
   Dinheiro para gastar
   Restaurantes
   Roupas
   Maquiagem
Fundos para especificidades
   Fundo de emergência

Aniversários
Natal
Cosplay
AADG (atos aleatórios de gentileza)
Gastos de longo prazo
Aulas de coreano
Objetivos de poupança
Carro
Economias para shows
Cabelo maluco
Viagens

Uma das prioridades — e uma das mais dispendiosas — é o amor dela por música pop coreana. E com isso não quero dizer que ela gosta de assistir a vídeos de K-pop no YouTube. Ela paga pelos ingressos e viaja para ver shows de K-pop. Recentemente, Anna foi a Dallas para ver um. Ela quer fazer faculdade de belas artes na Coreia, então também separa dinheiro para as próprias aulas de coreano durante o ano.

Depois de ver o orçamento de Anna, ficou claro por que ela não transforma um passeio no shopping em um banho de loja. Nada nas vitrines pode se comparar às excitantes prioridades que estão esperando pelo seu dinheiro. Nas palavras da própria: "Prefiro passar por experiências incríveis a ter um monte de coisas." Não posso discordar dela.

ENSINANDO OS SEUS FILHOS A FAZER ORÇAMENTOS

Não dê ouvidos para os pessimistas — crianças podem fazer orçamentos! Ensiná-las a serem espertas com dinheiro é um dos maiores presentes que você pode lhes dar. Conforme vai ensinando, lembre-se de que:

- **Use a mesada como uma ferramenta de aprendizado.** Queremos que os nossos filhos saibam lidar bem com o dinheiro, assim como queremos que aumentem as suas habilidades com qualquer outra coisa da vida. Tirar a mesada deles (por qualquer razão que seja) é tão ruim quanto tirar seus livros ou instrumentos musicais. Mantenha o aprendizado em funcionamento não importa como.
- Não subestime o quão rápido as crianças vão entender. Elas *vão* continuar com os seus orçamentos contanto que você **comece cedo**, **vá devagar** e **mantenha-se dentro da realidade delas**.
- As Quatro Regras são tão relevantes para crianças quanto para adultos. Apenas mantenha a conversa

Ensinando os seus filhos a fazer orçamentos

no nível delas e dê aos seus filhos a liberdade de **aprender com a prática**.

- Sente-se com os seus filhos e **estabeleça um plano claro de quem paga pelo quê nas despesas da vida de vocês**. Não há regras pré-estabelecidas, é claro, contanto que o plano funcione.

CAPÍTULO 9:
Quando estiver com vontade de desistir

Há algo importante que você precisa saber sobre mim: eu amo rosquinhas.

Amo tanto que quase desisti de fazer orçamento por causa delas.

O quê? Foi um momento de fraqueza.

Mencionei antes que, quando Julie e eu começamos a fazer orçamentos, as coisas estavam bem apertadas. Estudante em tempo integral. Serviço de assistência social frequente. Passagens de ônibus. Viver em um porão. Especialista em cupons de desconto. Era desafiador, mas estávamos tão determinados a não contrair dívidas e poupar para os nossos futuros filhos que não demos a nós nenhuma outra escolha a não ser fazer aquilo funcionar. Cada decisão de gasto era planejada obsessivamente. Não havia lugar para nada além das nossas necessidades básicas e obrigações.

Isso funcionou bem por alguns meses. Então, um dia, durante a minha caminhada para a sala de aula, passei por uma padaria que faz rosquinhas excelentes. Lembro-me de ficar encarando uma belezinha com cobertura de chocolate no display, sentindo uma vontade louca de comê-la. Mas eu não podia pagar por ela. Nosso orçamento para qualquer tipo de comida fora de casa era zero. Essa rosquinha custava 50 centavos e eu não tinha o dinheiro. Era tão triste.

Eu havia me sentido da mesma maneira algumas semanas antes, quando perdi a hora do jantar por ter ficado até tarde estudando na biblioteca. Lembro-me de passar pelas máquinas de venda em que um cookie custava $1. Eu não tinha o dinheiro e lembro-me de pensar: "Bem, hoje à noite não vou comer nada." Sei que isso era ridículo até naquela época. Um orçamento não deve fazer com que você pense que comer não é uma opção.

Consegui superar a questão do jantar, mas a rosquinha acabou comigo.

Eu me esforcei muito para não mencionar nada a Julie por um tempo. Fazer o orçamento tinha sido ideia minha e, ainda assim, ela era bem melhor em ser econômica do que eu. Mas eu sentia que não conseguiria seguir em frente. Não havia um espaço para tomar fôlego. Parecia que uma compra não planejada faria com que todo o orçamento implodisse.

Acabei contando a Julie e ela estava na mesma situação que eu. Aparentemente, minha esposa quase chorou quando não pôde comprar um croissant uma semana antes.

Quando estiver com vontade de desistir

(Nosso amor por pães e doces de padaria é o que nos une.) Foi então que decidimos orçar aqueles $5 de dinheiro de diversão sobre o qual já falei. Era muito pouco, mas também era tudo de que precisávamos para afrouxar o sentimento de que o nosso orçamento iria colapsar com um único movimento. Além disso, olhando por outro lado, $5 eram dez rosquinhas por mês. Nunca cheguei a tanto, mas só de saber que eu podia... ah, a liberdade.

Você vai querer parar de fazer orçamentos. Seja se desesperando por algo tão pequeno quanto uma rosquinha ou tão grandioso quanto uma despesa inesperada, vai acontecer em algum momento. O dinheiro vai parecer impossivelmente curto. As contas vão parecer além do seu controle. Acompanhar cada transação vai parecer um exercício de futilidade.

Estou finalizando este livro com um capítulo sobre desistir porque essa é uma parte bem normal no processo de fazer orçamentos. A tentação de deixar tudo para trás vai surgir, mas, se você leu até aqui e está se preparando para ler este capítulo, aposto que não quer parar de fazer orçamentos. Talvez só esteja achando muito difícil. A rosquinha de chocolate o está encarando de volta e você está morrendo de vontade de encontrar uma maneira de comprá-la. (Desculpe, mas isso foi só comigo?)

Descobri que quando a maioria de nós quer desistir é porque acabamos caindo em comportamentos de autossabotagem que, na verdade, são bastante simples de corrigir. Tudo que você precisa fazer é uma pequena investigação para entender por que o seu orçamento não está funcionando para você.

A falha perfeita do orçamento

A maior parte das nossas razões para querer abandonar o orçamento vem de um problema central: a perfeição. Quando sentimos que estamos falhando, muitas vezes é porque estamos nos esforçando demais para ter um orçamento perfeito.

A perfeição gosta de usar disfarces, mas está na raiz de quase toda armadilha no orçamento. É um golpe que você dá em si mesmo — o que, na verdade, é uma coisa boa (embora não pareça). Ao estar consciente dos comportamentos que acabam com as suas chances de ser bem-sucedido, você pode fazer algo para contorná-los.

Para começar, tome cuidado com a noção comum de que o orçamento é binário. Tendemos a cair na cilada de ver o nosso orçamento como preto ou branco: falha ou sucesso. Isso não é a realidade. Contanto que você esteja orçando, está sendo bem-sucedido. Faça o que for preciso para se lembrar disso (acrescente essa frase ao seu outro mantra: "Dever não é uma opção"). Prometo que será libertador.

Então observe os comportamentos orçamentários que ficam espreitando. Eles são maneiras com as quais tentamos forçar aquela perfeição elusiva, em geral sem nem mesmo notar. Se ver a si mesmo se comportando de alguma dessas formas, saiba que *pode* facilmente se livrar disso. De fato, a solução é a mesma: repense no que pode ser feito para tornar as coisas mais fáceis para você. Sério.

Não dar a si mesmo espaço para tomar fôlego. Também conhecido como o incidente da rosquinha. Esse é um dos comportamentos mais comuns que faz as pessoas te-

Quando estiver com vontade de desistir   213

rem vontade de desistir. Faz sentido limitar os gastos quando o dinheiro está apertado, mas só até certo ponto. Se você não tiver ao menos um pouco de flexibilidade, uma hora tudo vai acabar entrando em colapso (sua sanidade, seu orçamento, sua determinação...).

Eu gosto muito de malhar e essa ideia da flexibilidade extra me parece como ter um ajudante quando você está fazendo supino no banco. Você pode estar esmagado debaixo da barra, certo de que a coisa vai se enterrar no seu peito, quando o seu ajudante usa os dois indicadores para puxar um pouco a barra para cima e ajudá-lo a completar o exercício. Aquela pequena ajuda é a diferença entre falhar e ter sucesso.

Não importa o quanto as coisas pareçam apertadas, deixe espaço para a sua rosquinha metafórica. Tenha um ajudante ao seu lado no caso de precisar de um pequeno auxílio. Apenas algum dinheiro por mês pode salvá-lo do sentimento de que tudo vai desabar.

Estabelecer objetivos de gastos irreais. Isso é bem comum quando você começa a fazer orçamentos, sobretudo porque não tem os dados que precisa para estabelecer objetivos de gastos reais. Se você nunca acompanhou o quanto gasta nas compras do supermercado, como pode saber se aqueles $300 que separou para isso estão perto da realidade? Pode parecer um valor razoável, mas se você gasta $800 em um mês normal, vai levar tempo e disciplina para chegar lá. Talvez o seu objetivo real não seja de $300, e vai ficar frustrado ao tentar alcançar isso todo mês, quando $450 seria um valor apropriado para a sua família.

214 NUNCA MAIS FIQUE SEM DINHEIRO

Querer assumir mudanças rápidas. Talvez você tenha percebido que gasta $800 por mês nas compras do supermercado. Que bom! Agora está trabalhando com números reais. Mas o problema aumenta quando você jura que vai passar a gastar $300 a partir de **hoje**. É um ótimo objetivo, mas você não pode esperar que o seu comportamento mude do dia para a noite — especialmente com uma diferença tão grande. A mesma coisa vale para o seu parceiro se você não estiver orçando sozinho. Mesmo que alcance o seu objetivo uma vez ou duas, mudanças significativas levam tempo. Seja gentil consigo mesmo (e com o seu parceiro). Estabeleça objetivos realistas e avance na direção deles devagar.

Esse conselho vale mesmo que você não tenha todo o dinheiro para cobrir as suas despesas. Se este for o caso, sim, aperte os gastos da forma mais razoável que conseguir, mas perceba também que mudar apenas o seu comportamento financeiro — por mais que isso aconteça rápido — não vai resolver o problema. Se há uma diferença entre os seus ganhos e as suas despesas, você precisa encontrar maneiras de ganhar mais dinheiro. Há muitas histórias por todo este livro sobre como outras pessoas conseguiram fazer isso. Você com certeza se sentirá sobrecarregado se colocar todo o foco em atingir objetivos de gastos irreais da noite para o dia. É melhor usar uma combinação de gastos inteligentes *e* ganhos.

Exigir muito de si mesmo. Já fiz a comparação entre o orçamento e dieta/exercício. As similaridades não podem ser ignoradas. Nas duas situações, você vai ficar exausto se exigir muito de si mesmo (isso é verdade em todas as áreas

Quando estiver com vontade de desistir   215

da vida). Você está exagerando quando fica obcecado com o seu orçamento, dá uma checada nele várias vezes ao dia e conversa sobre o assunto com qualquer pessoa que lhe dê ouvidos. Vai acabar perdendo as forças, da mesma forma que aconteceria após um período intenso de contagem de calorias e visitas diárias à academia. Trate o seu orçamento ou os seus hábitos saudáveis como uma moda e eles vão desaparecer. Trabalhe para incluí-los no seu cotidiano e eles se tornarão parte do seu estilo de vida.

É legal quando você *realmente* está ligado no seu orçamento (é uma coisa linda, eu sei!), mas evite ser consumido por ele. Dê uma olhada nele com alguns dias de intervalo. Tenha certeza de que você está nos trilhos. E então vá viver a sua vida.

O fator TOC. Aposto que você não pensou que existiam tantas maneiras de enlouquecer com o seu orçamento... Quando o transtorno obsessivo-compulsivo orçamentário bate, você não consegue gastar nenhum centavo. E *vai* ter que gastá-lo em algum momento. Uma (espera-se) pequena transação será feita na sua conta e você não conseguirá lembrar do que se trata nem pela sua vida. Você pode ficar maluco tentando entender como aquilo aconteceu ou colocar a transação em uma área de gastos que tenha fundos disponíveis e seguir em frente.

Um subconjunto do TOC orçamentário é tentar ser detalhista demais. Se você nunca acompanhou os seus gastos e de repente quer ficar de olho em cada tubo de pasta de dente, o seu orçamento não será sustentável. Claro, separe os gastos e as categorias como compras, serviços essenciais

216   **NUNCA MAIS FIQUE SEM DINHEIRO**

etc., mas não se perca em cada pequeno detalhe. A não ser que uma transação abranja muito claramente dois alvos de gastos (como quando uma nota fiscal de uma loja conta com comida, *e* esquis, *e* calças de pijama), mande tudo para apenas uma categoria e seja feliz.

Complexidade. Uma pessoa com um cartão de crédito e uma conta bancária vai, sem dúvida, encontrar menos dificuldade com o orçamento do que alguém com várias de cada coisa. Elimine complexidades desnecessárias ao fechar contas bancárias extras ou encaminhando o seu dinheiro para apenas uma ou duas contas. Se você tem diversos cartões de crédito, use o que tem as menores taxas e/ou as maiores vantagens (cof-cof, quando tiver dinheiro à mão para gastar!). Pague as contas se você as tiver e use apenas um cartão de crédito a partir de agora.

Sei que manter o orçamento não vai ser sempre tão simples como separar $5 para ser a verba da rosquinha. Alguns reveses vão dar a impressão de serem tão intransponíveis, tão fora do seu controle, que desistir parecerá a única opção. Mas nada é intransponível. Mesmo se você estiver sobrecarregado por uma despesa surpresa ou um corte de salário, o seu orçamento vai funcionar contanto que você permita que ele seja flexível para acompanhá-lo. Quem se importa se ele não se parece nem um pouco com o que você esperava quando começou a fazer orçamentos? O progresso vai acontecer contanto que continue dando funções para o seu dinheiro. Talvez isso signifique que você não esteja tão perto dos seus objetivos quanto esperava, mas desistir é uma garantia de que eles ficarão fora do seu alcance para

Quando estiver com vontade de desistir 217

sempre. Lembre-se de pensar no que pode fazer para tornar a vida mais fácil quando as coisas parecerem muito difíceis. E então foque *nisso*.

Não se esqueça daquela coisinha chamada felicidade

Podemos culpar a perfeição pela maioria das armadilhas no orçamento. Palavra-chave: **maioria**. Às vezes, porém, somos tentados a desistir porque não vemos mais sentido naquilo. Ficamos tão absorvidos em pagar contas e alcançar objetivos que esquecemos por que começamos a fazer um orçamento em primeiro lugar.

Mantenha em mente que o seu orçamento está lá para ajudá-lo a conquistar a vida que deseja, agora e no futuro. Orçar não é sobre deixar a felicidade para depois. Se fosse, ninguém ia conseguir continuar com isso por muito tempo. Quando você está feliz, está motivado. Sente que está indo na direção dos seus objetivos, e esse ímpeto o faz querer trabalhar mais duro. É aí que a mágica acontece — mas não é mágica de verdade, é só você, funcionando com todo o seu potencial.

Se você não estiver feliz com o orçamento, volte para a pergunta que fez a si mesmo na página 12: *O que eu quero que o dinheiro faça por mim?*

Isso vai lhe trazer alguma perspectiva. Você pode perceber que o seu orçamento *ainda* está indo na direção da vida que quer ter. Talvez mais devagar do que o esperado, mas ainda está na direção certa. Lembrar-se disso pode ser o suficiente para restaurar o seu modo de pensar.

Se você vir que o seu dinheiro *não* está indo para onde quer, volte para a Regra Um. Ou, melhor ainda, descarte todo o seu orçamento e comece de novo. Esqueça todas as obrigações e os objetivos, para que seja só você e o seu saldo bancário de novo. Com a folha em branco, volte a se fazer a grande pergunta: *O que eu quero que o dinheiro faça por mim?*

Todos saúdem o novo começo

Sou um grande defensor de recomeçar o orçamento. Às vezes, é muito importante dar um passo atrás para garantir que o dinheiro esteja fazendo o que você quer que ele faça. Isso é o oposto de desistir. Recomeçar é uma vitória. Você está indo bem se está recomeçando. Acredito tão fortemente nisso que mandei colocar um botão Novo Começo no software do YNAB. Quando as coisas ficarem paradas ou você sentir que o seu orçamento não está mais funcionando, espero que o apague e comece de novo — seja clicando em Novo Começo ou abrindo uma página ou uma planilha em branco.

Recomeçar o seu orçamento não é muito diferente do tipo de pensamento introspectivo que, em geral, fazemos no Ano-Novo. É uma época de reflexão sobre o seu propósito e de ver como as suas ações estão alinhadas a ele, e então fazer os ajustes conforme necessário. Quando você recomeça o seu orçamento, também está pensando profundamente sobre a sua vida — só que agora está considerando como o seu dinheiro pode ajudá-lo a chegar onde quer ir.

Você se lembra de Phil e Alexis do capítulo 1? Quando os conheceu, Alexis estava prestes a sair da vida corporativa para começar uma carreira como web designer freelance. Entrei em contato com eles um ano depois para descobrir como essa nova aventura estava indo.

Pelo que parece, ela está indo da mesma maneira, e totalmente diferente, do que eles tinham planejado.

As coisas boas: Seis meses depois de se demitir, Alexis teve mais oportunidades de trabalho que podia aceitar. Isso, é claro, foi um grande alívio. Antes de sair do emprego, ela estava preocupada sobre como conseguiria manter o seu fluxo de dinheiro. Não esperava que tantos colegas antigos e clientes iriam recomendá-la para projetos. Foi um efeito colateral positivo de ter estabelecido boas e sólidas relações no seu último emprego, além de ser ótima no que faz.

As coisas complicadas: Alexis poderia ter dobrado o seu antigo salário com facilidade se aceitasse todos os projetos. Contudo, uma carga de trabalho maior significaria trabalhar dia e noite. A questão principal de Alexis se tornar freelance era passar mais tempo com o filho deles, Jack. A atração de receber mais dinheiro não superou a sua prioridade: a família. Parecia estranho negar oportunidades de trabalho lucrativas, mas ela e Phil concordaram que passar tempo com a família era mais importante do que ganhar mais dinheiro...

As coisas ruins: Porém, o dinheiro extra teria sido bem útil. Eles não estavam em apuros, mas os seus ganhos não acompanhavam os gastos. Com a renda variável de Alexis, ela passou de não conseguir um tostão em um mês para receber um cheque de $10.000 no seguinte. Eles tentaram distribuir os grandes pagamentos por diversos meses, mas *sempre* estouravam o orçamento. Um pagamento que eles queriam que durasse quatro meses mal chegava a três.

Fazer orçamentos ajudou, mas era sempre um momento desagradável abrir a planilha. Os dois odiavam ver como o dinheiro sumia rápido. Aquilo se tornou tão opressor que eles começaram a pensar que seriam mais felizes sem um orçamento. Pensaram que talvez, se apenas tomassem um fôlego e parassem de pensar tanto em dinheiro, as coisas se resolveriam sozinhas.

A primeira solução: Detox de orçamento

Por mais que Phil e Alexis quisessem acabar com o orçamento para viverem felizes na ignorância, sabiam que essa não era uma decisão inteligente. Também sabiam que tinham que fazer *alguma coisa* sobre o sistema que estavam usando. Então, se desistir de orçar não era a resposta, eles fariam o oposto: começar de novo.

Em geral, um novo começo apenas envolve colocar o seu velho orçamento de lado e começar um novo. Só olhar para o seu dinheiro como uma folha em branco, sem nenhuma função predeterminada, já é um exercício poderoso. Foi o que Phil e Alexis fizeram, mas, antes, Alexis não teria piedade do antigo orçamento. Eles já tinham feito uma versão do ano passado quando estavam tentando esticar o fundo de freelance, mas era hora de dar outra olhada. Alexis sentia que o novo orçamento seria mais forte se ela pudesse identificar as fraquezas do antigo — e se livrar delas. Ela queria olhar o outro lado do véu de cada despesa. Eis o que encontrou:

Aquecimento: As últimas duas contas deles tinham custado mais de $150. Uma olhada rápida mostrou que as mesmas contas custaram menos de $100 durante o mesmo período no ano anterior. Como assim? Eles até tinham arrumado uma fornalha nova em folha. Talvez esse ano tenha sido mais frio ou pode ser que eles tenham superestimado a eficiência da nova fornalha. Qualquer que seja a razão, Alexis queria acabar com aqueles 50 extras. O plano era abaixar o termostato alguns graus de noite e se aconchegar em qualquer coisa de flanela. Eles também começaram a usar um timer no termostato para que não precisassem se lembrar de ajustar a temperatura. E funcionou. No mês seguinte, a conta veio $53 mais barata.

Celulares: Essa categoria doía. Eles pagavam $145 por mês pelos dois celulares. Precisavam melhorar, mas passar para o plano de dados mais barato economizaria apenas $20 por mês. Mudar também significaria gastar um bom dinheiro em novos aparelhos. A matemática não fechava. Eles se sentiam presos e enganados pela vida moderna. Então, investigaram mais. Alexis descobriu uma operadora de celular bem mais barata em um dos seus blogs financeiros favoritos. Apesar de cada um ter que gastar $250 em novos aparelhos, a nova conta de $46 (para os *dois* telefones) fazia valer a pena. Poupando agora $99 por mês, eles pagariam pelos celulares comprados depois de cinco meses.

Caratê: Eles matricularam Jack em aulas de caratê no ano passado usando o Groupon. $20 por oito aulas e um quimono de graça. Excelente! Jack adora qualquer coisa que envolva ninjas, então estava no céu. Quando o Groupon acabou, Alexis foi saber quanto custaria matricular o filho nas aulas regulares. Ela ainda não sabe como não desmaiou quando ouviu o preço: $150 por mês. Para um menino de 4 anos fazer caratê?! Ah, mas Jack ficava tão feliz. Ela começou a justificar o preço. "Vamos parar de jantar fora duas vezes por mês." "Vou cancelar a minha matrícula na academia que nunca uso." Avance para um ano depois: Jack estava a caminho de uma faixa marrom para crianças, mas passou o último mês procurando desculpas para faltar às aulas. Ele não queria mais ir. O dojô exigia pagamento automático, então eles pagavam os 150 dólares, não importava se Jack comparecia às aulas ou não. Foi uma decisão fácil: cancelaram o caratê por ora. Eles sempre podiam voltar atrás se Jack quisesse. Porém, nos dois meses que se passaram desde que cancelaram a matrícula, Jack nunca pediu para ir ao caratê.

TV a cabo: Phil estava pronto para acabar de vez com a TV. Eles podiam economizar $80 por mês ao cancelar a TV a cabo. A Netflix e o Hulu eram o suficiente para mantê-los entretidos. Quando Phil ligou para fazer o cancelamento, na mesma hora ofereceram um desconto de $30 na conta *e* alguns canais premium de graça — bem melhor do que o pacote caro para o qual eles tinham mudado no ano passado. Ele colocou a operadora de TV a cabo em espera para ter uma conversa rápida com Alexis, e eles aceitaram o acordo. Claro, eles só poupariam $30 em vez de $80, mas achavam que os canais de filmes extras seriam bons para noites de jantar romântico. Eles ainda podiam cancelar tudo se quisessem economizar mais. Enquanto isso, cancelaram a Netflix ($10) e o Hulu ($12), então a economia total era de $52.

Compras: Esse era um grande ponto de estresse para Alexis. Ela não conseguia entender: como três pessoas (a bem da verdade, duas e meia) podiam consumir o equivalente a $500 de compras em um mês? Eles nunca tinham acompanhado os seus gastos no supermercado antes de começarem a fazer orçamentos, mas achavam que $300 por mês seria mais que suficiente. Alexis fazia a lista de compras e, todo mês, se sentia um fracasso.

O desafio era que o orçamento de compras deles já era bem apertado. Comer de forma saudável era uma grande prioridade para os dois, o que significava que quase nunca havia besteira no carrinho de compras. Na maioria das vezes, compravam produtos frescos e com proteína de alta qualidade, além dos produtos essenciais para Jack: leite, macarrão, pão, cereal. Cupons de desconto não ajudavam muito, já que muitos só valem para comida processada, que raramente entrava no carrinho da família.

A solução de Alexis era similar ao que Julie e eu fizemos nessa situação. Ela decidiu colocar mais dinheiro nos gastos com supermercado no novo orçamento e parou de se preocupar. Um ano de dados acumulados no orçamento provou que comer bem custa mais do que ela pensava. Alexis ainda ficava de olho nos descontos e evitava custos desnecessários, mas estava decidida a parar de tratar a lista de compras como um grande mistério.

Disney: Eles economizaram $4.000 nos últimos dez meses para que pudessem surpreender Jack com uma viagem à

Disney no seu quinto aniversário. Agora, Phil e Alexis olhavam para aquele monte de dinheiro e perguntavam a si mesmos: *Quem se importa com a Disney?* Jack não se importava. Ele gostava muito do Mickey, mas ainda estava na idade em que um bocado de Hot Wheels e uma viagem até a praia o deixariam bem feliz. Ele não estava pedindo por férias chiques. Quanto mais pensavam no assunto, mais a viagem parecia como algo na lista dos "afazeres obrigatórios dos pais" do que um pedido de Jack. Eles ficariam bem felizes se usassem o dinheiro para aliviar um pouco do estresse financeiro no momento. Além disso, se esperassem mais alguns anos, Jack seria alto o suficiente para andar na Splash Mountain. Era uma decisão fácil: sem Disney por ora.

Resumo da história: a análise minuciosa de Alexis permitiu que a família economizasse por volta de $251 todo mês (antes era $351, então ela acrescentou $100 para as compras), além dos $4.000 que estavam guardados para a viagem à Disney. Não era a solução que mudaria a vida deles, mas saber que tinham liberado algum dinheiro ajudou com o moral. Eles estavam na direção certa e motivados a seguir em frente.

A segunda solução: Ganhe mais dinheiro

Alguma coisa incomodava Alexis toda vez que ela recusava uma oferta de trabalho freelance. Ela sabia que não tinha tempo para fazer o trabalho, mas talvez não precisasse ser assim. Ela sempre sonhou em expandir a sua operação de uma mulher só para um pequeno estúdio de design. Pode-

Quando estiver com vontade de desistir · 225

ria formar parcerias com designers promissores ao terceirizar projetos e supervisionar o trabalho deles. Todos sairiam ganhando: Alexis poderia receber uma renda extra como diretora de arte enquanto os seus colegas mais jovens aumentavam os portfólios.

Ela sempre pensou que esse sonho estava a anos de distância. Mas por que precisava ser assim? Ela contava com três propostas de trabalho no seu e-mail naquele momento. Na semana anterior, tinha tomado um café com a sua antiga assistente, Elena, que disse estar sobrecarregada de funções administrativas no escritório. Ela desejava ter mais oportunidades para usar os seus músculos de designer.

Alexis foi a mentora de Elena por três anos e sabia que ela era talentosa e de confiança. Depois de algumas trocas de mensagens, estava tudo combinado: Elena ficou feliz por ter sido considerada para qualquer projeto futuro. Alexis respondeu às três propostas de trabalho no e-mail. Ela começaria o seu novo papel como diretora de arte — e iniciaria uma nova fonte de renda — assim que terminasse o próximo projeto.

O recomeço

Com as despesas reduzidas e uma nova fonte de renda a caminho, Phil e Alexis se sentiram reenergizados. Continuar dentro do orçamento seria um esforço diário, mas eles já estavam motivados apenas por saber que as suas contas e os seus ganhos estavam otimizados. Cada tostão ia exatamente para onde eles queriam ou precisavam — e para

226 **NUNCA MAIS FIQUE SEM DINHEIRO**

nenhum outro lugar. Dê uma olhada nos orçamentos "antes e depois" deles.

ORÇAMENTO DE PHIL E ALEXIS PÓS-DETOX (EM DÓLARES)

CONTAS

Hipoteca: 2.500

Aquecimento: 100

Luz: 70

Parcela do carro: 275

Creche: 800

Internet: 40

TV a cabo: 50

~~Netflix/Hulu: 0~~

Seguro de vida de A: 55

Celulares: 46

~~Caratê: 0~~

TOTAL DE CONTAS: 3.936

DESPESAS DIÁRIAS

Compras: 600

Coisas para casa: 50

Combustível: 120

Despesas de trabalho: 100

Restaurantes/diversão: 75

Babá: 100

TOTAL DE GASTOS DO DIA A DIA: 1.045

Quando estiver com vontade de desistir 227

OBJETIVOS
~~Disney: 0~~

DESPESAS REAIS
Seguro do carro: 120
Consertos do carro: 50
Saúde/médico: 50
Água: 60
Aniversários/festas: 40
Obras no porão: 150
TOTAL DE DESPESAS REAIS: 470

O bônus

Alexis fica muito entusiasmada com dinheiro. Ler o *Wall Street Journal* a deixa feliz. Warren Buffet é um dos seus heróis pessoais. Ela e Phil economizam para a aposentadoria, mas Alexis sempre quis abrir uma conta de investimentos e tentar mexer um pouco com fundos de investimento em ações, ou FIA. No entanto, ela nunca sentiu que eles tinham dinheiro sobrando para justificar aquilo.

Agora que ela e Phil estavam com o orçamento sob controle, Alexis ficou motivada para começar o seu pequeno sonho de investimento — e ela nem mexeria no dinheiro do orçamento. O plano era vender coisas que eles não usavam. Cada centavo ganhado ia direto para a conta de investimentos. Ela começou com $15 depois de consignar o seu exemplar de *Hamilton* no sebo local. Apesar do pequeno

228 NUNCA MAIS FIQUE SEM DINHEIRO

ganho, ela estava oficialmente no mercado! Isso a encheu de animação.

Ela não tinha tempo de sobra para vender as coisas (trabalho! Jack! Phil!), então continuou com duas estratégias: consignar livros na loja da vizinhança e vender nos "grupos de venda" on-line. Com uma foto e uma descrição rápida, Alexis fez $350 no Facebook ao vender uma fornalha pouco usada que os antigos moradores da casa tinham deixado no porão. Fez mais $40 ao vender um carrinho que Jack nunca usava. E assim colocou mais $390 na conta de investimentos!

Quando estiver com vontade de desistir

Você *vai* querer desistir do orçamento em algum momento — e tudo bem. Quando isso acontecer, pense em maneiras de facilitar as coisas para você. Também preste atenção às maiores armadilhas dos orçamentos (elas acontecem com os melhores de nós):

Não dar a si mesmo espaço para respirar. Você precisa de rosquinhas.

Estabelecer alvos de gastos irreais. Seus esforços podem ser nobres, mas não vão funcionar se não se adequarem à sua vida real.

Presumir que a mudança será rápida. Vá devagar.

Exigir muito de si mesmo. Seja gentil.

Ficar com TOC com o seu orçamento. Abra mão das pequenas coisas.

Complexidade. Mantenha o orçamento simples.

Quando tudo mais falhar, você pode precisar recomeçar o orçamento. Delete tudo e comece de novo: escreva novos objetivos e alvos de gastos, e dê funções ao dinheiro. Volte à pergunta transformadora: *O que eu quero que o dinheiro faça para mim?*

ÚLTIMAS PALAVRAS:
Você consegue

Se eu tivesse que escolher apenas uma única coisa para você levar como aprendizado deste livro seria a lição de que fazer orçamentos não é algo restritivo. Pelo contrário. Ao orçar com as Quatro Regras do YNAB, você está no controle total da sua situação econômica. Está criando uma vida baseada nas suas prioridades e nada parece melhor do que atingir os seus objetivos, não importa o quanto isso demore.

Se você ainda não tem um orçamento, torço para que tente fazer um. Seja paciente e lembre-se de que os objetivos mais importantes não podem ser alcançados da noite para o dia. No entanto, pequenas mudanças fazem uma grande diferença.

Quando estiver se sentindo desencorajado, pense onde gostaria de estar daqui a três meses, seis meses ou um ano.

Continue com o orçamento, mesmo que ele não seja perfeito (ele nunca será!) e não olhe para trás. Você vai ficar impressionado com o que consegue alcançar.

Você pode fazer isso. Hoje. Agora.

O que você tem a perder? Além de toda aquela dívida e o estresse. (Ok, então meio que bastante coisa.)

Você consegue.

AGRADECIMENTOS

Este livro foi um trabalho em grupo e não teria sido possível sem o esforço de muitas pessoas durante o caminho: Julie, minha esposa, por me apoiar desde o primeiro momento em que proferi a frase: "Acho que precisamos de um orçamento."

Taylor Brown, meu sócio, por suas considerações cuidadosas, além de sua confiança inabalável.

Todd Curtis, o CCO do YNAB, por sua habilidade de pegar uma ideia vaga e transformá-la em um conceito claro.

Lindsey Burgess, a CMO do YNAB, pelo seu entusiasmo com esse projeto desde o primeiro dia.

Lauren Coulsen, designer do YNAB, pela fantástica capa original e pelas ilustrações.

Maria Gagliano, escritora, pela sua determinação em colocar tudo o que escrevi sintetizado em um livro de verdade.

Lisa DiMona, extraordinária agente literária, por se arriscar comigo e me ensinar durante o caminho.

Stephanie Hitchcock e a equipe da HarperCollins, por todo o seu trabalho para levar o YNAB para o mundo.

Toda a equipe do YNAB, pela persistência em ajudar pessoas a alinharem o seu dinheiro com as suas prioridades.

Os YNABeiros de todo lugar, pelo seu contínuo entusiasmo em compartilhar o YNAB com amigos e família.

APÊNDICE:

Onde ler, ver e ouvir todas as coisas YNAB*

Se você está adorando fazer orçamentos e quer continuar em frente, nossa amiga, a internet, não nos decepciona. Novos recursos e comunidades aparecem o tempo todo, então essa é só uma amostra das muitas e grandes coisas que existem por aí.

Ferramentas de aprendizado no site do YNAB [YNAB.com]

Aulas gratuitas: Colocamos novas aulas no ar regularmente, tudo de graça, e você não precisa ser assinante do software do YNAB para acessá-las. Nós a mantemos curtas

---

*Todos os sites e informações aqui indicados estão em inglês. (N. da E.)

para que sua dúvida seja respondida, e cada uma delas é ministrada por um especialista de orçamentos YNAB. Aqui vai uma amostra das aulas oferecidas no momento em que estou escrevendo este apêndice:

- Domine os cartões de crédito com o seu orçamento
- Pague as dívidas de forma agressiva
- Alcance os seus objetivos de poupança
- Rompa o ciclo de salário em salário
- Pague por grandes compras sem pedir dinheiro emprestado
- Faça orçamentos mesmo falido
- Tome o controle do seu orçamento de comida

Visite https://www.youneedabudget.com/classes/ para ver a lista atualizada.

Vídeos semanais: Eu falo sobre novos assuntos orçamentários toda semana nos meus vídeos da Whiteboard Wednesday. Você pode assiná-los em https://www.youtube.com/YouNeedABudget.

O podcast do YNAB: Se prefere apenas me *ouvir* em vez de me *ver*, o podcast do YNAB é perfeito para você. Encontre-o ao procurar por YNAB no iTunes ou visite https://soundcloud.com/iynab.

Blog: Falamos sobre orçamentos no blog quase todo dia. Dê uma lida em https://www.youneedabudget.com/blog/.

Onde ler, ver e ouvir todas as coisas YNAB   237

Newsletter semanal: A *YNAB Weekly Roundup* é sempre curta, informativa e inspiradora. Afinal, quem quer e-mails que não sejam assim? Você pode assiná-la em https://www.youneedabudget.com/weekly-roundup/.

Guias: Dê uma olhada nos nossos guias para dar um salto na sua inspiração — com conselhos práticos e úteis — sobre as Quatro Regras e outros grandes tópicos orçamentários em https://www.youneedabudget.com/guides/.

Pela internet

Ficamos lisonjeados com as incríveis comunidades YNAB que os nossos fãs criaram. Tenho certeza que estou deixando algumas de fora, porque a internet é infinita, mas, no momento em que estou escrevendo isto, eis algumas das mais movimentadas comunidades criadas por fãs do YNAB.

Grupos de Facebook
YNAB Fans: https://www.facebook.com/groups/YNABFans/

Friendly YNAB Support: https://www.facebook.com/groups/1401727190120850/

Subreddit do YNAB
https://www.reddit.com/r/ynab/

Você também pode nos encontrar no Facebook (facebook.com/iYNAB/), no Instagram (@youneedabudget) e no Twitter (@YNAB).

Este livro foi impresso em 2019,
pela Assahi, para a HarperCollins Brasil.
O papel do miolo é avena $80g/m^2$, e o da capa é cartão
$250g/m^2$.